jijii

いくつになっても遊び続ける

ジジイのアウトドアノウハウ大全

winpy-jijii

KADOKAWA

はじめに

73歳のユーチューバー、ウィンピージジイと申します。60歳での定年退職を機に動画投稿をスタートし、アウトドアやDIYなど、我が家の遊びの記録を公開してきました。

本書はこれまで動画内では触れてこなかったジジイの好奇心の源や、動画制作の裏話などを深堀りする一冊になっています。

人生どんな時も「遊ぶこと」を最優先してきた自分が心から共感している、ノーベル賞をとったアイルランドの文学者ジョージ・バーナード・ショーの言葉があります。

「人は年をとったから遊ばなくなるのではなく、遊ばなくなるから年をとるのだ」

この言葉を胸に、海に山に、北に南に忙しく遊び回ってきたジジイのこれまでを、ちょっと振り返ってみたいと思います。「誰が興味あんねん!」とツッコまれそうですが、忙しく働いていた頃の自分と同じように、これからジジイになりゆく皆さんが人生を楽しむヒントになればと思います。

ご興味ありましたら、お付き合いください。

CONTENTS

CHAPTER 1
60歳で生まれ変わった ジジイの人生

CHAPTER 2
遊びの流儀と好奇心の源

CHAPTER 3
ジジイ流 キャンプスタイルあれこれ

CHAPTER 4
ジジイの一生もの

CHAPTER 5 人気＆お気に入り動画の撮影裏話

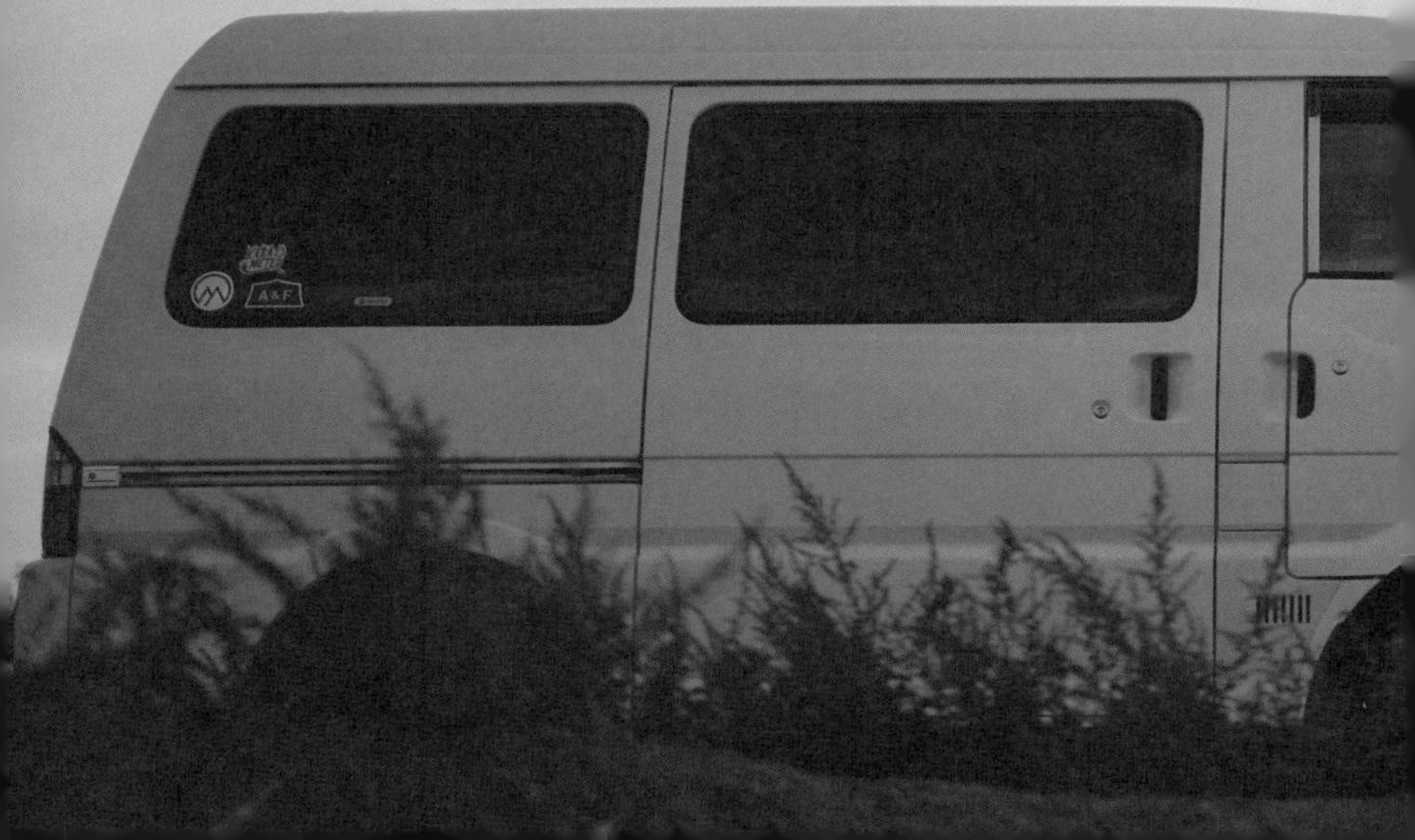

BROMPTON

winpy-jijii流

キャンピングカーカスタム術

73歳の自分と63歳の妻が作ったキャンピングカーです。
ベースはマツダのボンゴ。
これで日本一周するのが夢！

内装はフローリング材を活用

車体とフローリング材の間に雨音などを抑える制振シートと断熱材を貼っています。商用車らしいペラペラ感が抑えられて、落ち着いた空間になりました。

MAZDA ／ BONGO VAN

side

front

就寝時

作業時

作業時と就寝時でレイアウトをチェンジ

足を入れているところを板で塞ぎ、クッションをのせてベッドにします。キャンパーでは定番のレイアウトになります。

ステッカーも自作する

これは昔からの趣味。フロントのＭのエンブレムは外して、昔のmazdaロゴに。貼る時に多少ズレても、歳とともに気にならなくなりました。

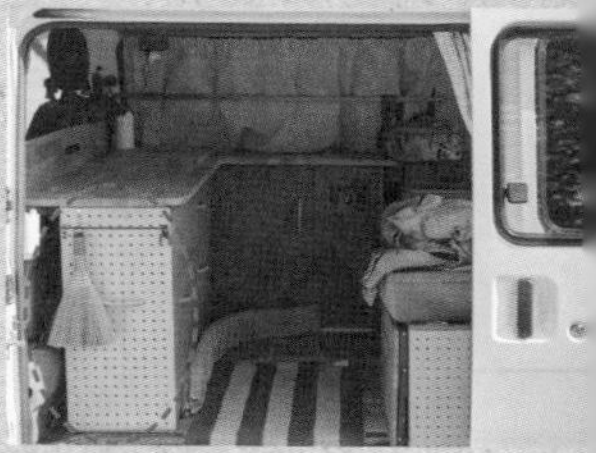

隠し収納スペースもたっぷり

外側の引き出しにはカセットコンロを設置。周りに耐火ボードを貼っています。

back

細部にもこだわりが満載！

就寝時の通気を確保するひと工夫

リアゲートを半開きで固定できる自作の金具です。暑い夏も涼しく寝られます。職人さんたちがやっている手法を真似しました。

収納スペースのトビラはテーブルにもなる

ベッドの下は収納スペース。扉には折りたたみ式の足を付けてテーブル兼用に。天気がいい日はここで朝食です。

016

人生
遅すぎること
なんてない！

ブックデザイン：菊池 祐
撮影：後藤武久
カバーイラスト：宍戸竜二
イラスト：和田有里絵
構成：伊藤俊明
DTP：新野 亨
校閲：ぴいた
編集：池田 圭　篠原賢太郎（KADOKAWA）

winpy-jijii

KEEP PLAYING
NO MATTER HOW OLD
YOU GET.

CHAPTER 1

60歳で生まれ変わった ジジイの人生

ゼンマイ仕掛けのおもちゃを分解し、
職人の仕事に見惚れた幼少期。
パブのマスターからサラリーマンに転職し、
定年退職後はユーチューバーの世界へ。
winpy-jijiiとは、いったい何者か?

winpy-jijiiとは何者か

winpy-jijii（ウィンピージジイ）といいます。73歳でユーチューバーをしています。「wimpy」は、弱虫とか関西弁でいう「へたれ」を意味する言葉で、語感が気に入って名付けましたが、ボケるつもりもないのに肝心の綴りを間違えてしまいました。大阪生まれの大阪育ち。現在は滋賀県の琵琶湖のそばに住んでいます。

60歳で初めてユーチューブに動画を投稿してから、10年以上コツコツと積み重ねていくなかで、「ニベア缶の磨き方」という動画がバズったことをきっかけに、たくさんの方々に見ていただけるようになりました。動画の内容としては、

キャンプやバイクのツーリング、登山やDIY、車中泊など、普段の遊びの記録です。これまでに作った動画は600本以上。おかげさまで、フォロワーは26万人を超えました（2023年12月時点）。ユーチューブがきっかけになって、たくさんの新しい繋がりが生まれて、いろいろなメディアで取り上げてもらえるようにもなりました。

原動力は〝その時々の興味〟に反応すること

動画は自分で撮影して、編集まですべてひとりでやっています。この年ですべてをひとりでやるのは珍しいようで、その原動力はどうして生まれるのか、なんてよく聞かれます。でも、特別なことなんて、ひとつもしていませんよ。

ユーチューブを始めたのは60歳からですが、60歳を過ぎて急にいろいろなことを始めたわけではありません。自分としては、アウトドアを中心に若い頃から続けている遊びを、少しずつ形を変えながら今も続けているだけ、という感覚です。

どんな時も「遊ぶこと」が最優先。その時々で興味を持ったことに反応するのは、小さい頃から変わっていないのです。

winpy-jijii
KEEP PLAYING NO MATTER HOW OLD YOU GET.

ジジイのものづくりの原点

１９５０年に大阪の難波で生まれました。育ったのはすぐ隣の東住吉で、小学校もそこで通いました。小学生の頃は学校が終わったら運動場で友達と遊んで、それから家に帰るという毎日。帰ったらひとり遊びです。

東住吉は大阪の中でも町工場がいくつもあるような地域で、うちの隣は、最近のキャンプブームでハリケーンランプというクラシックな形のランタンが見直されている、「別所ランプ製作所」（当時）でした。娘さんは歳が近くて、七五三のお祝いなどに呼んでもらっていましたね。家には人形がたくさん飾ってあって、ある日、お土産をもらったので人形だろうと思い込んで喜んだのですが、開けてみたらショートケーキでちょっとがっかりしたのを覚えています。

町工場は通学路にもたくさんあって、学校帰りに作業風景を眺めるのも日課でした。通りがかった時に作業していると、ついつい引き寄せられてしまう……。

職人の鮮やかな手並みは、ずっと見ていられます。竹細工の工場で節を取ったり、竹を割ったりする様子や、金属加工の工場で金属の棒を切っている場面は、今でも鮮明に思い出せます。直径が15~20センチもありそうな丸い金属の棒を機械で切るんですが、熱を持ったらいけないので、白い液体をかけながらやっているんですよね。「なんで牛乳かけるんやろ?」なんて思いながら、でも聞くこともせず、飽きずにずっと眺めていました。太い棒なのでなかなか切れなくて、結局、切れたところは見たことがありません。あれ、なんの作業だったんでしょう?

おもちゃを分解して仕組みを調べるのが好きだった

当時、どんなひとり遊びをしていたのかよく覚えていませんが、裕福な家庭ではなかったので、おもちゃがふんだんにあるわけでもありませんでした。それなのに、たまに買ってもらってもすぐに分解してしまいました。当時はゼンマイ仕掛けのおもちゃが多かったんですが、どうやって動くのか、どうしても知りたかったんです。

ブリキのおもちゃはふたつの部品を合わせてある片方にツメがあって、もう一方の部品のスリットにそのツメを差し込んで折り曲げて固定するという構造が多かったんですが、折ってあるツメを無理やり立ててバラバラにして、元に戻せなくなるというパターンが多かったですね。「また潰してもうて」とよく怒られていました。

自分で遊ぶおもちゃは、この頃からよく作っていました。糸巻で作るクルマとか、ゴム鉄砲みたいなものです。寄り道した町工場で拾ってくる端材が材料になりました。作ること自体も遊びでした。

DIY好きの原点は褒められた記憶

どちらかといえば活発な子で、家にいるよりも外で遊ぶ方が好きでした。足が速くて、運動神経はいい方でしたね。

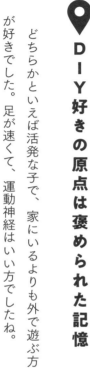

自分が子どもの頃はスポーツといえば野球でした。サッカーをしている子はいませんでした。南海ホークスが強くて、杉浦忠や野村克也が活躍していた時代です。杉浦ファンだったので、背番号21のユニフォームを買ってもらって、すっかりなりきっていました。

勉強は苦手でしたが、運動と絵を描くのは得意。何か描くと、だいたい学校のどこかに貼り出されていました。大阪府のコンテストで3位をもらったこともあります。未来の世界を想像して描いた絵でしたが、たぶんその頃に見たディズニーアニメの影響です。写生するのも好きでした。図工は得意でしたね。

自分が考えて作ったものを褒められた。振り返ってみると、今のDIY好きの原点は、このあたりにあるのだと思います。

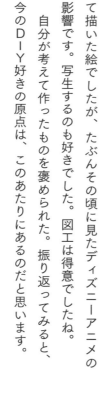

青春時代は『メンズクラブ』がバイブルだった

中学生になって間もなく、東住吉から同じ大阪の寝屋川に引っ越しました。当時、祖父が運送業を営んでいて、父もそこで働いていました。自分が小さい頃はオート三輪でしたが、もっと昔は馬で運んでいたなんて話を聞かされたこともあります。家業のことはあまり詳しく教えられていませんでしたが、祖父が亡くなってしばらくしてから独立し

たようです。寝屋川には父の兄弟がいたので、その近くに移ったわけです。

生まれ育った家からは電車で1時間くらいの距離でしたが、生活圏はがらりと変わりましたね。中学はできたばかりの新設校で、まだ3年生はいませんでした。東住吉に比べると寝屋川はちょっと田舎で、周りは畑ばかりでしたが、学校ではそれまで履いたことがなかった上履きが必要だったりして、都会っぽいなぁと思いました。

中学の3年間は、ずっと野球部で部活漬け。野球はグラウンドを広く使うのでほぼ毎日朝練がメインで、午後は他の部に場所を譲っていました。学校に向かうのがちょうど新聞を配るくらいの時間帯で、よく新聞配達の人に「がんばりや」なんて声をかけられていました。そうして朝礼まではグラウンドで練習して、午後は柔軟体操とかバッティングの練習とか。毎日、終わる頃には日が暮れていました。

その後、進学した高校はマンモス校でした。いろんな課があって1クラスの生徒数も50～60人くらい。本当は自動車科か機械科に行きたかったんですが、当時はそういうのを専門に教えるところが少なかったので生徒が集中してレベルが上がってしまって。結局、第3希望の商業科に落ち着きました。

今では考えられないことですが、当時は「おまえらアホやから、どっかクラブ入らへんと卒業させへんぞ」なんて言われていました。中学までがんばった野球部はレベルが高かったので、高校ではバスケットボール部に入りました。背が伸びるかなぁなんて期待したけど、ぜんぜん伸びませんでしたね。背が高い人とか上手い人がまあまあいて、2年生になってからは「おまえマネージャーやれ」って。3年生になって辞めるまでマネージャーをしていました。

マネージャーをしていたくらいですから、後輩からも慕われる方で、自分で言うのもなんですが中高では人気者でした。高校は男子校だったんですが、人気投票があって一番になったこともあります。

体は小さかったんですが、なぜか番長みたいな人も投げ倒すくらい相撲が強くて、そういう人たちとも普通に接していました。自分から前に出てリーダーシップをとるタイプではありませんでしたが、いわゆるムードメーカーだったと思います。

遊びは全部〝メンクラ〟が教えてくれた

高校生活もあい変わらず部活中心の生活でしたが、中学校の終わりくらいからファッションにも興味を持ち始めて『メンズクラブ』という雑誌を毎月買っていました。電車通学だったので電車に乗ることも増えて、梅田や難波に洋服を買いに行くこともありました。IVYやトラッドが流行り始めた頃で、マドラスチェックのシャツとコットンパンツの組み合わせが定番でしたね。

メンクラは自分にとってのバイブルで、ファッションもキャンプやバス釣りのような遊びも、全部メンクラが教えてくれました。繁華街にはよく行きましたが、悪い遊びを覚えることもなく、せいぜい喫茶店に入るくらいでした。「コーヒーは香りを楽しむものだ」なんていう記事を読んで、夏でもホットコーヒーを頼んだりして。新しい号が出ると隅から隅まで目を通していましたよ。

大人への憧れというよりは、「なるほど」と思うとすぐに真似したくなる性分なんです。当時は、誌面によく登場していた木村東吉さんが好きで、だいぶあとになっての話ですが、バイクで富士山ツーリングに行った時はこっそり家を見に行きました。

初めてキャンプをしたのも、この頃です。他の学校に通っていた友達に誘われたのがきっかけですが、その話はまたのちほど。

winpy-jijii

KEEP PLAYING NO MATTER HOW OLD YOU GET.

好きに遊びたいから自分の店を持ちたい

高校は商業科でしたので、たとえば貸借対照表を作ったりするような、就職に直結する実践的な事務仕事を教わっていました。入学した頃から、卒業したら就職するつもりでいました。同級生もほとんどがそうだったと思います。大学に進んだ生徒は、全体の1割もいなかったんじゃないかな。

学校が就職を斡旋してくれて、掲示板に就職情報が貼り出されていました。希望すると面接までの段取りをつけてくれます。就職するものだと当たり前のように思っていましたが、いざそういうタイミングになってみるとなかなか納得できる仕事が見つからなくて、結局は家の仕事を手伝うこと

にしました。

自分は3人兄弟の真ん中でしたが、すでに兄が父の仕事を手伝っていて、そこに加わる格好になりました。就職すると父がトラックを買ってくれましたから、仕事はそれなりに順調だったんだと思います。車は好きだったので、18歳の誕生日が来たらすぐに免許を取れるように17歳10ヶ月ぐらいから教習所に通い始めて、といっても誕生日は2月なので、免許が取れたのは卒業するちょっと前です。

仕事も休みも車三昧の生活

運送業といっても、宅配便のようにいろいろな仕事を引き受けるのではなく、企業の配送を請け負うのが主でした。働き始

めた頃は他の運送業者の下請けや単発の仕事がほとんどでしたが、しばらくしてお菓子メーカーの仕事を請け負うことになって、それを任されました。

朝一番で工場に行って、トラックを満杯にして午前中かけてあちこちに配達し、お昼ご飯を食べて午後もう一度回るという感じです。2トンロングのトラックで、積み込みも手動のリフトを使ってすべて自分でやっていました。荷台いっぱいに積むのは大変でしたが、お菓子は軽いのでまだよかった。ときどきは役得で、賞味期限間近のお菓子をもらうこともありました。

トラックにはまだエアコンが付いていない時代で、冬はヒーターが使えましたが、夏はランニングで汗だくになって運転していました。それでも運転が好きなので、仕事はまったく苦になりませんでした。それどころか、車が好きすぎて休日も乗っていたくらいです。当時は免許を取ってすぐに買った中古のエヌサン（ホンダのN360）を乗り回していましたね。

ちょうど大阪で万博があった頃です。会場の周りをよくドライブしていましたよ。

自分の店を持ってみたい

そんな感じなので、仕事がつらいということはまったくありませんでしたが、22か23歳の頃になると「自分の店を持ちたい」と考えるようになりました。

何か特別なきっかけがあって思い立ったわけではありませんが、自分の店なら好きなように休んで、好きな時に遊びに行けるのではないかと思ったのがひとつの理由。もうひとつは、単純にかっこよさそうだったからです。ただのいちびり（関西の方言で「お調子者」「目立ちたがり屋」）ですね。とはいえ、何をするにもお金は必要ですから、一生懸命働いて貯めました。

運送の仕事をしながら半年だけ夜間の喫茶学校に通いました。大阪の梅田にある学校で、仕事が終わったあとや週末を利用して、オムライスやケーキの作り方、コーヒーの淹れ方を教わりました。学校に通ったほか、レストランでアルバイトもしました。カウンターだけの小さいお店でしたが、調理と接客の両方を実践で学んで、飲食の仕事を覚えながら開業の準備を進めました。

winpy-jijii
KEEP PLAYING NO MATTER HOW OLD YOU GET.

パブのマスターから35歳でサラリーマンへ

25歳で店を開きました。カウンター6席とテーブルが3卓で、昼間は喫茶と軽食、夜はお酒を出すいわゆるパブです。お酒はサントリーホワイトのような、そんなに高くないものがメインで、ボトルキープもできる気軽な店でした。

店の名前は「ロスコ」です。ロサンゼルスとサンフランシスコをくっつけて名付けました。アメリカの西海岸が好きだったんです。音楽は、もちろんジャズ。壁にはDIYでサイディングのように木の板を張ったり、オープンリールのデッキを埋め込んだりしていました。カウンターも無垢の木で作りました。

朝からモーニングをやって、昼にはランチも出していました。コロッケ定食とか焼肉定食とか、よくあるメニューです。日中は近所の工場の人が食べに来るくらい。賑わいだすのは夕方からです。オイルサーディンのような簡単なつまみがほとんどでしたが、ピザは人気がありました。シンプルなものでしたが、当時は宅配のピザがまだなかったし、近所で出しているのはウチぐらいでしたから新鮮だったんだと思います。

妻とは店で知り合いました。最初は友達と来てくれていました。一緒にハイキングに行ったり、ＢＢＱをしたりしているうちに仲良くなって結婚しました。新婚旅行はアメリカです。サンフランシスコからロサンゼルスに行って、最後はハワイに寄って帰ってきました。四駆の大きな車がかっこよくて、帰ってきてから自分も乗り始めました。

当時は四駆の車とアマチュア無線、バス釣り、サーフィンやスキーで遊んでいて、同じような趣味の人が通ってくれるようになりました。四駆に乗っている人は写真を持ってきてくれれば壁に貼ってあげていて、雑誌でもちょこちょこ取り上げられる店になりました。

店をやっていて大変だったのは何かとよく聞かれますが、それほど大変なことはなかったように思います。不思議なもので、当時は何かしらあったはずなんですが、今になったら嫌な部分の記憶がまったく残っていない。「そういうこともあったなぁ」というくらい。歳をとるとそういうものなのかもしれませんね。

経営自体は上手くいっていたし、そのまま続けていれば食べていくことはできたと思います。でも、同じように若かった常連さんが、結婚して家族ができて離れていったり。このまま歳をとっていくと、厳しいかもしれないなぁと考えるようになりました。自分の店なのに、好きなように休めないこともストレスでした。正直にいうと、もっと自由に遊びたかったんです。そう考えるうちに、毎月給料をもらえて休みもきちんとあるサラリーマンって意外といいんじゃないかと思うようになりました。楽しく続けてきた店だったのでなかなかふんぎりがつかず、1年くらい悶々としていたと思いますが、結局は店を畳んで会社勤めをすることにしました。35歳でした。

ストレスなく生きるジジイの処世術

店を辞めると決めてから、空いている時間に勉強して資格を取って中途採用の試験を受けました。一度落ちてしまったのですが、二度目で無事受かりました。

実際に仕事を始めてみると、会社勤めはとても性に合っていました。シフト制でしたが休みはしっかり取れたし、想像していたより福利厚生がしっかりしていたのもよかった。今思えば厚生年金に加入できたのもありがたいことでした。恥ずかしながら、店をやっていた時はそういう部分はいい加減でした。

最初の職場はもともとの生活圏内にあって、はじめは寝屋川で働いていました。当時はバス釣りにハマっていたんですが、休みのたびに琵琶湖に通っていて、琵琶湖の近くに家を買うつもりでいました。会社はあちこちに営業所を持っていて、家を買おうとしていた町にもありました。そこで異動願いを出して、3年くらいかかって希望が叶いました。「いろいろ貢献しますよ」なんて組合の人にゴマをすってあと押ししてもらったんですが、店で覚えたコミュニケーション術なのか、そういうのは得意でしたね。異動が決まってから家を建て始めて、転勤とほぼ同時に引っ越しました。

転職した一番の理由は好きなように遊ぶためですから、会社でも目立ちすぎず、かといって足を引っ張ることもないよう心がけました。「キミ、頼むで」と言われれば、「はいはい、わかりました」という感じです。

昔からリーダータイプではありませんでしたが、二番手三番手くらいの位置にいつもいました。そういう立ち回り方は、社内で出世しようという人には向いていないかもしれませんが、仕事よりも遊びを優先したい自分のようなタイプにはぴったりでした。やってみるまでわかりませんでしたが、店を続けるよりも合っていたようです。

winpy-jijii
KEEP PLAYING NO MATTER HOW OLD YOU GET.

ユーチューブで充実の毎日

ユーチューブは、定年で退職したのと同じタイミングで始めました。会社が定年旅行の費用を補助するからと言ってくれて、ハワイに行ったんです。写真はずっと趣味にしていたのでたくさん撮ってきましたが、それをいつでも見られるようにしておきたいなと思って、アルバム代わりのつもりで始めました。

最初はスチールが中心で、編集といってもスライドショーやズームをする程度。そこにデジカメで撮った動画を挟むようになって。動画はコンパクトカメラで撮ったものでしたが、やってみたら結構きれいにできて、だんだん動画の割合が増えていったという感じです。

アルバム代わりにと始めたものですから、最初は収益化なんてまったく考えていませんでした。ただ、それ以前にブログをやっていた経験から不特定多数の人に見られる可能性があることは意識していて、自分たちの顔がはっきりわかるようなものはほとんど出していませんでした。最初の頃はハンターカブでツーリングに行った動画が多かったんですが、同じバイクに乗っている人や興味を持っている人が見てくれたようで、再生回数やフォロワーも少しずつ増えていきました。

収益化するには一定の条件を満たしていないといけないんですが、それをクリアして最初に入ったのが3千円くらいだったかな。それが1万円とかになって、「これで新しい道具買うたろ」くらいに思っていました。

動画の制作、たとえば編集とかを人に習ったことはなくて、すべて見よう見真似の独学です。編集はウィンドウズのパソコンに最初から入っていたメディアプレイヤーで始めました。撮影の方はもともと映画が好きだったので、好きな映画のカット割りを真似したり、ユーチューブの動画を参考にしたり。

ユーチューブにはお気に入りの動画がいくつかあって、なかにはコメントをやりとりするようになった人もいます。ある時、そうして知り合ったひとりと実際に会うことになって、琵琶湖で日帰りのキャンプをしたんです。編集のコツや写真の動かし方、収益を上げるなら著作権がある音楽は使わない方がいいよ、という基本的なことを教えてもらいました。

教えてもらったことを守りながらコンスタントに動画を上げると、それに比例して登録者も増えていって、「ニベア缶」の動画がバズった時に一気にフォロワーが10万人を超えました。フォロワーが10万人を超えるとユーチューブが銀色の盾をくれるんですが、届いた時はうれしかったですね。

動画制作も好きじゃなきゃ続けられない

機材はいくつか使ってみましたが、ここ4〜5年はほとんど変わっていません。メインのカメラはパナソニックのGH4が2台。同じパナソニックのLX9は手持ちで、寄りの画を録る時に使っています。あとはゴープロ。編集はソニーのベガスプロを使っています。

DIYと同じように、動画の撮影や編集もものづくりだと思っています。お金になるということもありますが、好きじゃなかったら続けられません。例えば、ボンゴをキャンパーに改造した時の動画は、およそ2ヶ月半かかった作業を17分22秒のタイムラプスで見せました。この動画は再生回数が100万回を超えて、自分のチャンネルでは歴代2番目の人気動画になりましたが、もっと小出しにした方が稼げるんじゃないのという意見も聞きました。そうかもしれませんが、だらだらしたのは好きじゃないし、そういうことを我慢してしまうと、自分が好きなことやおもしろいと思えることでもしんどくなってしまうような気がしています。

ユーチューブを始めて一番よかったのは、世界が広がったことです。親子ほど歳が離れた若い人とコラボすることもありますが、趣味が同じなら歳の差はまったく関係ないということを実感しています。ずっと愛読していたアウトドア雑誌に出たり、イベントに呼ばれたり、こうして本を書いたりすることができたのも、すべてユーチューブのおかげです。

いくつになっても好奇心を持ち続けること

若い頃は『メンズクラブ』がバイブルでしたが、もう一冊、創刊からずっと読んでいるのがアウトドア雑誌の『ビーパル』です。まっ先に付録を開けるのは子どもの頃から変わりません。付録を改造したものをユーチューブで紹介していたら編集部の方の目にとまって、雑誌で紹介してもらったり、イベントに呼んでもらったりするようになりました。

若い頃からずっとアウトドアで遊んで

いますが、釣りをしたりスキーをしたり自転車に乗ったりと、遊び方は少しずつ変わっています。でも、周りを見ていてもそうですが、アウトドアで遊んでいる人は、ずっとアウトドアの遊びを続けますね。インドアに転向したりはしません。

ハタチの頃からアウトドアで遊んでいるので、一応ベテランということになるんでしょうが、新しい遊びはどんどん出てきます。好奇心は今でも人一倍あって、おもしろそうだと思ったらそういう新しい遊びにもすぐにチャレンジしたくなります。こういうところも、いくつになっても変わりません。

最近は、ＳＵＰ（スタンドアップパドルサーフィン）がおもしろそうだと妻と話しています。実は体験教室にも行ってきました。若い頃から琵琶湖で遊んでいますが、ＳＵＰに似たものは昔もあったんですよ。木で作ってあって、フィンこそ付いていませんでしたが、形はほとんど同じでした。

当時、仲間内では自分が一番上手く乗れていたので、実は自信があったんですが、73歳にもなると平衡感覚がすっかり衰えてしまってダメですね。ものすごい格好でひっくり返りました。でも、おもしろかった。またやりたいです。

楽しんでいると新しいことが向こうからやってくる

「いい歳になっても遊び続けているモチベーションがすごい」

そんなことをよく言われます。

しかし、自分としては好きな遊びの形を少しずつ変えながら続けているだけで、特別なことはしていません。やっていることは、子どもの頃からずっと一緒だと思っています。「定年を機に新しい趣味を……」なんて話をよく聞きますが、それまでやったことがないものを急に始めようとしても続かないんじゃないかな。

アウトドアの遊びを長く続けてこられた理由は、やっぱり好きだからです。自分の場合は無理をして背伸びせず、自分の器の中でがんばれる範囲でやってきました。DIYにしても同じことが言えます。高いものが買えなくても、手に入るものを自分が使いやすいようにカスタムしてみる。そうやってオンリーワンを作っていく。自分が楽しいと思うことを好きなようにやっていたら、それをみんながおもしろいと評価してくれるようになりました。

ユーチューブでできた新しい仲間のあいだでは、いろいろな情報が飛び交っています。「これいいよ」「ここ、おいしかったよ」「ここは絶対に行った方がいいよ」。自分が積極的に楽しんでいると、新しいことが向こうからどんどんやってきます。好奇心をなくさずにいられるのは、そういう刺激が常にあるからだと思っています。

唯一、意識的に心がけているのは、そういういい流れが滞らないようにするために、「めんどうくさい」とは言わないようにしていること。「めんどうくさい」と言ってしまうと、動かない理由ができてしまうからです。そうやって動くのをやめてしまうと、いざ動きたいと思っても動けなくなってしまう。「遊ばないから歳をとるのだ」とは、まさにそういうことなのでしょう。

73歳になりましたが、今が一番楽しいと思っています。

Column 1

ジジイのアウトドアライフ年表

ジジイの人生を2ページにギュギュッとまとめてみました。世の中の流れと共に、アウトドアでの遊び方も変化を遂げてきました。

winpy-Jijii's Outdoor Life Chronology

- 1950 0歳　大阪の難波で生まれる。育ったのは、お隣の東住吉
- 1956 6歳　野球と工作好きの活発な子どもだった
- 1962 12歳　中学進学とともに寝屋川に引っ越し。野球部に入り、朝から晩まで野球漬けの日々を送る
- 1965 15歳　高校ではバスケ部へ。雑誌『メンズクラブ』の世界に憧れ、この頃からファッションはトラッド&IVY派
- 1966 16歳　仲間とキャンプデビュー。琵琶湖畔で1週間過ごす。当時のテントは重たい三角テントだった
- 1968 18歳　車の免許を取得。初めての車はホンダのN360（通称エヌサン）。卒業後は実家の運送業を手伝い始める
- 1970 20歳　大阪万博が開催され、日本人がエベレスト初登頂を果たした。当時のジジイは車にどっぷり。弟と改造したブルーバードでラリーにも出場した
- 1975 25歳　コーヒー&パブハウス「ロスコ」を開店。同年、中型二輪免許も取得

- 1979 29歳　お店で知り合った妻と結婚
- 1980 30歳　新婚旅行でカリフォルニアとハワイを訪れる。初めてのアメリカ旅行で大きな刺激を受ける

- 1981 31歳　アメリカで憧れた四駆を手に入れ、遊びの幅が広がる。この頃の「ロスコ」は四駆乗りが集まる名物店として雑誌にも掲載された

- 1985 35歳　お店を畳み、サラリーマンに転身。これを機に、趣味に使える時間が大幅に増える
- 1986 36歳　バブルとともにスキーブームが到来。ジジイ夫婦もあちこちよくスキーに出かけた

- 1988 38歳　釣りにハマっていたため、異動願いを出して琵琶湖の近くへ転勤。マイホームも建てる

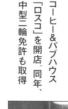

winpy-Jijii's Outdoor Life Chronology

1990（40歳）
第一次キャンプブーム到来&バブル崩壊。この頃にはバイクを活用して、すでにソロスタイルのキャンプを楽しんでいた

1995（45歳）
ハンターカブに乗り始めて、バイク熱が再燃。カスタムにも熱を上げる

1997（47歳）
釣り熱は継続。友人たちと共同でバスボートのオーナーになる

2005（55歳）
本格的なロードバイクを始めるも、すぐに妻と2人で楽しめるポタリングスタイルに転向

2010（60歳）
退職記念として、人生2度目のハワイ旅行へ

2011（61歳）
ハワイ旅行の記録をユーチューブに初投稿

2013（63歳）
富士山が世界文化遺産に登録された年に登山の楽しさに目覚める。これを機にキャンプ道具がさらに軽量化した

2014（64歳）
本格的に動画投稿を開始するとともに「ウィンピージジイ」を名乗り始める

2017（67歳）
「ニベア缶の磨き方」と題した動画が累計220万回再生を超える大ヒット

2020（70歳）
Nバンを車中泊仕様にカスタム。以降、車のカスタム動画が人気コンテンツに。初めての書籍『Life is Camp』を発売

2023（73歳）
ボンゴバンのキャンパー化に着手。夏前に完成し、妻と車中泊の全国旅へ出始める。チャンネル登録者は26万人超え（2023年12月現在）

2024（74歳）
暖かくなってきたら琵琶湖で本格的なSUPデビューをしようと計画中

2025（75歳）
この歳まで遊べたらいいかなと考えていたが、欲が出てきたので上方修正中

2030（80歳）
この頃までには免許証を返納？　車は10歳若い妻に運転してもらうか、電車旅も悪くないと思っている

2040（90歳）
30年ごとにハワイを訪れているので、90歳でもハワイに行ってみたい

winpy-jijii

KEEP PLAYING
NO MATTER HOW OLD
YOU GET.

CHAPTER 2

遊びの流儀と好奇心の源

キャンプ、車、DIY、カメラ、ファッション……
winpy-jijiiは多趣味で、どれも玄人はだし。
センスのよさにも注目。
どうしたら、こんなふうに歳をとれるのか。
その原点を探ってみよう。

winpy-jijii

KEEP PLAYING
NO MATTER HOW OLD
YOU GET.

遊びと共に変化するキャンプスタイル

初めてキャンプをしたのは、高校1年生の時です。夏休みを利用して、琵琶湖の湖畔で1週間くらい過ごしました。誘ってくれたのは、違う高校に進んだ中学時代の友達です。まだキャンプは未経験で、ちょうど興味があったのでふたつ返事で出かけました。

キャンプとは一体何をするものなのか、どんな道具が必要なのか。右も左もわかりませんでしたが、友達は高校のワンダーフォーゲル部に所属していたので、テントとザックは部の備品

を借りることができました。

当時のテントはフロアがない三角テントで、あれはコットンだったのか、やたらと重かったですね。ザックは横長のキスリングでした。道具は友達が自分の家まで持ってきてくれていました。全部おんぶにだっこです。総勢6人の仲間が集合して、電車で琵琶湖に向かいました。飯盒とか米や食材は持ち寄って、着替えはどうだったかな。寝袋はありませんでしたが、夏だったのでなくても大丈夫でした。

キャンプといっても、何をするでもありません。体力だけは持て余した男子高校生が6人、日中は暑かったこともあってずっと泳いでいました。夜は流木を集めて焚き火をして、飯盒でご飯を炊いて缶詰のカレーを食べる。それだけでしたが、親がいないのが、何よりよかったですね。ご飯が焦げたりとか、ちょっとした失敗はありましたが、すべてを自分たちでやるのは本当に楽しかった。

京阪電車でキャンプ場の近くまで行ったんですが、1週間もキャンプをしている間に、なんとその路線が廃線になってしまって、帰りは重たいキャンプ道具を背負って、2駅分を1時間くらいかけてトボトボ歩きました。最後の最後にそんなトラブルがあったのも、今ではいい思い出です。

キャンプが目的から手段に

高校時代は部活が忙しくて思うように遊びに出かけることができず、本格的にキャンプを始めたのは社会人になってからです。

はじめは四駆に乗っている仲間たちと行くグループキャンプでした。その頃はキャンプ自体が目的で、テントを設営したらみんなで料理を作って食べたりするような、いわゆるオートキャンプを楽しんでいましたね。

その後、自分自身のアウトドアでの遊び方の変化に合わせて、キャンプのスタイルも変わっていきました。大きく変わったのは、ハンターカブでバイクツーリングに行くようになってからです。

ネット上で仲良くなった、同じバイクに乗っている人たちとキャンプに行くことになったのですが、それまでオートキャンプで使っていた道具はバイクに積むには大きすぎるものばかり。どうにか積み込んで行ったのですが、みんなはすごくコンパクトな道具を持っていて衝撃を受けました。それをきっかけに、ソロスタイルのキャンプを覚えて、キャンプ道具がどんどんシンプルに、ミニマムになっていきました。そのあとに始めた登山でのキャンプも、その延長線上にあります。

最近では、ユーチューブなどを通して知り合った人とどこかで合流することが多くなりました。グループで行動するけど、テントや食事は各自でというソロスタイルがとても合理的で気に入っています。自分の世話は自分で焼く。それがすごく楽です。

夫婦で出かける時はふたりでひとつのテントを使って、食事も一緒にしていました。でも、周りの人が自由にやっているのを見て楽しそうだったのか、妻が「私もソロでやってみたい」と言い出して、最近は夫婦なのにソロ。いつも別居です。

最初のうちはキャンプをすること自体が目的でしたが、遊び方が変わるとともに、今ではキャンプは目的から手段に変わりました。家から車でフィールドまで行って、ベースキャンプを作って、そこを拠点にバイクでツーリングをしたり、自転車に乗ったり、釣りをしたりする。だから、快適に車中泊できるように車を改造した今は、テントで寝ることは少なくなりました。今は、キャンプをするのは車ではできないことをしたい時です。たとえば、薪ストーブを使う時とか、焚き火をする時とか。

朝晩が涼しくなってくると、火が恋しくなって、またキャンプをしたくなりますね。

winpy-jijii
KEEP PLAYING NO MATTER HOW OLD YOU GET.

車は外遊びに欠かせない相棒

車はずっと好きです。最初に乗ったのはホンダのＮ３６０でした。まだ高校生の頃で、18歳になると同時に免許を取りました。車を持っている同級生は多くありませんでしたが、どうしても自分の車が欲しかったんです。

今でも覚えていますが、友達の友達から21万円で譲ってもらいました。お金は振り込むのではなく、毎月１万円ずつ、直接手渡ししていました。

Ｎ３６０の次は、日産のブルーバードＳＳＳに乗りました。本当はスカイラインＧＴ－Ｒが欲しかったんですが、高くて買えなかったんです。ブルーバードは手頃な値段でしたが、今思えば日産の営業マンに上手く誘導されたのかもしれません。

若い頃は車が中心の生活で、暇ができると車をいじったり、ドライブに出かけたりしていました。日産がラリーで強かった頃で、ブルーバードは車高を上げて乗っていました。弟とラリーに出たこともあります。ジムカーナをやっている友人も周りにたくさんいましたよ。

そのあとは、新婚旅行でアメリカの西海岸を回って、四駆の大きいピックアップにカルチャーショックを受けました。かっこいいなぁと思って、帰ってきてすぐにトヨタハイラックスのピックアップに乗り換えて、それからはトヨタのランドクルーザー、ハイラックスサーフと四駆を乗り継ぎました。

当時は店をやっていた頃ですが、同じ趣味を持つ人たちがよくお店に集まっていました。休みが合えば、みんなで一緒にキャンプに行ったり、スキーに行ったり。お客さんとの距離が近い店でしたね。趣味がきっかけで人と繋がるという経験を初めてしたのは、車を通してでした。その頃から今も関係が続いている仲間がいます。

遊びの変化と共に車も変化

四駆が好きでずっと乗っていましたが、家の周りはそれほど雪が降ることもありません。スキーに行かなくなると「関西、四駆いらんのとちゃう?」となりました。車高が高い車は運転は楽ですが、荷物の積み下ろしがちょっと手間だったんです。

自分は外車が好きで、四駆の前はワーゲンゴルフに乗っていた時期もありました。また外車に乗りたいと思っていたので、次に選んだのはボルボ240ワゴンです。740や960もあったんですが、最終型が新車で手に入る最後のタイミングでした。積載量が多いし、積みやすくていい車でしたが、維持費はかかりましたね。

ボルボ以降はずっと後ろが開く車に乗っています。ハンターカブに乗るようになって、バイクを積んで遠出したいと思ったので、トヨタのライトエースに乗り換えました。ハイエースにしなかったのは、大きすぎて妻が運転できないというのと、家の車庫に入らないからです。

車検ごとに乗り換えていた時期もありましたが、ライトエースは使い勝手がよくて10年くらい乗りました。国産の商用車は本当によく走ります。特に不満はありませんでしたが、バイクを手放したのでもっと小さい車に乗り換えようと思って、ホンダのNボックスにしました。

軽を選んだのは、バイクを積むことがなくなったのと、以前ほどアウトドアに行かなくなったからです。有料道路の料金は安いし、燃費もいい。維持費も安く済むから、軽がいいんじゃないかと思いました。

Nボックスを改造して寝られるようにするつもりでしたが、当時すぐに発売されるといわれていた運転席を回転させるオプションが、認可が下りずにボツになってしまいました。そこで乗り換えたのが、もう少し広いNバンです。これを車中泊仕様にしたり、実際に遊んでいる動画はユーチューブでも人気のコンテンツになっています。カスタム術をまとめた本にもなりました。

このNバンでいろいろなところを旅するつもりでしたが、1日、2日ならともかく、それ以上の日程をふたりで過ごすとなると、軽はやっぱり狭い。そんな理由から、ボンゴを手に入れました。

ボンゴを選んだ理由は、荷室が広く取れるキャブオーバー（運転席がエンジンの上にあるタイプ）で、手頃な大きさだからです。このサイズのキャブオーバーって、今はボンゴくらいしか選択肢がないんですよね。DIYでキャンパー仕様にして愛着も湧いてきたので、大事に乗っていこうと思います。どこかで見かけたら気軽に声をかけてください。

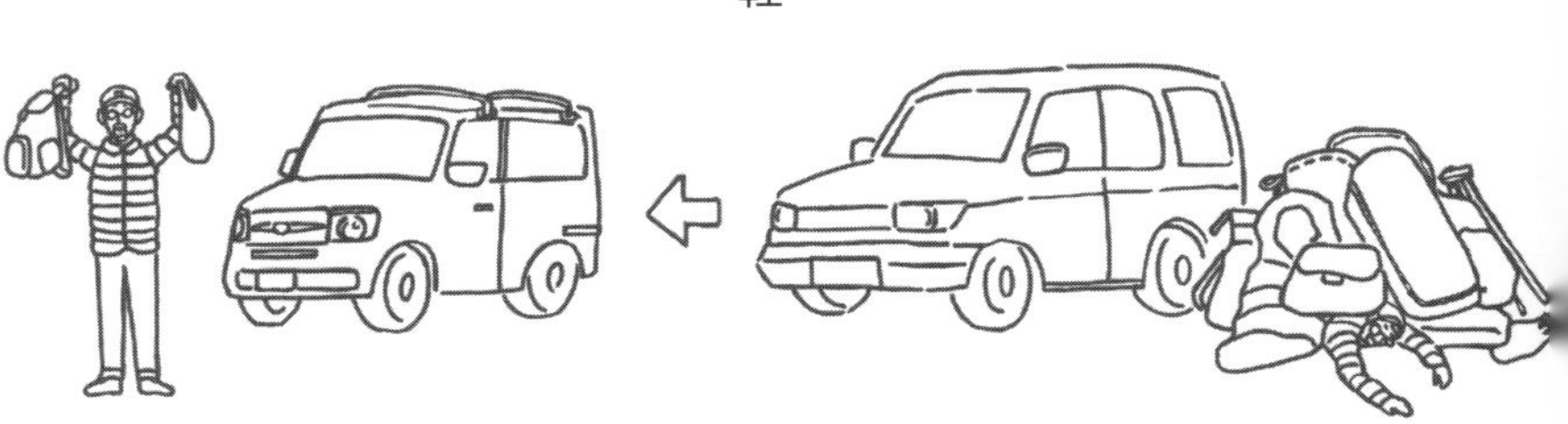

winpy-jijii
KEEP PLAYING NO MATTER HOW OLD YOU GET.

何もかも大きくてびっくりした、憧れのアメリカ

29歳で結婚しました。結婚してすぐ30歳になったので、「だまされた。30のおっさんやったか」なんて、妻によくいじられました。当時、妻は19歳からハタチになったばかりでしたので。ちょうど10歳違いです。

海外で結婚式を挙げるのは、もうそれほど珍しくもない時代で、その頃はハワイが人気でした。自分たちはサンフランシスコで式を挙げました。関西空港はまだありませんでしたが、伊丹から直行便が飛んでいました。

親戚が旅行業をしていて、団体旅行の数合わせで香港と韓国に行ったことがあったので、自分にとっては3度目の海外でした。しかし当たり前ですが、カリフォルニアはアジアとはぜんぜん雰囲気が違いましたね。

サンフランシスコで式を挙げて、そのまま新婚旅行で西海岸を回りました。英語はまったく話せないんです。でも、ツアーは使わずに、ホテルを取ったり、レンタカー

を借りたりするのも全部自分たちで手配しました。1ドルが300円の時代でした。

趣味のアウトドアの道具もファッションも、80年代は身の回りにメイド・イン・USAがたくさんあふれていたので、アメリカの特に西海岸、カリフォルニアは憧れの場所でした。行ったことがなかったのに、自分の店にもロサンゼルスとサンフランシスコを繋げた「ロスコ」という名前を付けたくらいですからね。

サンフランシスコを見たあとは、ロサンゼルスに飛んでディズニーランドで遊んで、最後は帰りにハワイにも寄りました。現地の移動は、すべてレンタカーです。運転は好きなので、異国でのドライブを楽しみました。

憧れのアメリカですから、もちろん事前にいろいろと調べていました。せっかく自分たちで計画して行くなら、ツアーでは回らないような場所にあえて行ってみたり、日本では簡単に手に入らないようなものを買いに行ったりしたいですよね。当時は、当然ナビもインターネットもなかったので、日本の雑誌に小さくのっていた情報を頼りに、地図を片手にお店を巡りました。

びっくりしたハワイ

自分の店は同じ趣味の仲間が集まる場所でもあったので、スタッフや仲がいい常連さんからは、日本では高価だったアメリカブランドのダウンジャケットや靴などを買ってくるように頼まれました。ただ、とにかく向こうのものはサイズが大きくて。ダウンジャケットは自分用にも欲しかったんですが、大きすぎて諦めました。

服だけじゃなく、何もかもがとにかく大きいことにびっくりしました。食べ物もそうです。ハンバーガーが好きなので、本場で食べるのを楽しみにしていましたが、まあ大きかった。朝食はホテルでとらずに、近くのダイナーなんかを利

用していましたが、朝のセットメニューをひとつとコーヒーだけ頼んで、ふたりでシェアして十分でしたね。

見るものすべてが新鮮でしたが、アメリカでもちょうど四駆がブームになっていた頃で、ダブルキャブのピックアップがとにかくかっこよかった。日本に帰って、すぐに真似しました。

ロスを見たあとに飛んだハワイは、広すぎて移動が大変だったカリフォルニアに比べると、いろいろなものがちょうどよかったです。ホノルルに滞在したので観光も買い物も近くで済んだし、1月でしたが気候も心地よかった。

いろいろありましたが、ハワイはふたりともすっかり気に入ってしまって、定年旅行で再訪できたのもうれしかったです。機会があれば、また行きたいです。

winpy-jijii
KEEP PLAYING NO MATTER HOW OLD YOU GET.

高価なものよりオンリーワン。作ること自体も遊びのうち

ものづくりは子どもの頃からしていました。裕福な家ではなかったので、なんでもあるわけではなく、自分で遊ぶものは自分で作るのが当たり前でした。絵を描いたり、ものを作ったりすることも遊びのうちでした。

小さい頃からそんなふうだったので、初めて作ったものがなんだったのかは覚えていません。ただ、既存のものを自分好みにカスタム

した時のことはよく覚えています。最初は、小学生の時に着ていた体操着でした。体が小さかったので、ズボンがぶかぶかで、どうもかっこ悪い。そこで縫い目を解いて、細くして縫い直したんです。ファッションに興味を持つのはだいぶあとになってからのことですが、その頃から色気づいていたんですね。

DIYは趣味や生活をするなかで、必要に応じて続けてきました。自分で作る理由はふたつあります。ひとつは作ること自体が楽しいから。頭を使って作り方を考えたり、手を動かすこと自体も自分にとっては遊びです。

もうひとつは自分好みにできるから。歳をとるとともに、ものを見る目は自然と肥えてきていいものが欲しくなりますが、高価なものは手が届かない。それならば、自分が好きなように、使いやすいように手頃な既製品に手を入れてオンリーワンにすればいいと思っています。

DIYはやればやるほどできることが増える

これまでいろいろなものを作ってきました。バス釣りをしていた時はバルサ材でルアーを作ったり、グラスファイバーで自分が欲しい長さの竿を作ったり。ハンターカブに乗っていた時は、アルミでいろいろな部品を作りました。加工しやすいアルミはよく使う素材です。ぴかぴかに磨くのも好きですね。自宅の棚や引き出しも自分で作りたいし、庭もきれいにしたい。車だって、できるところは自分で。やりたいことは尽きません。

ユーチューブでDIYを紹介する時は、見た人が「これなら自分にもできそう」とか「やってみたい」と思えるような動画にすることを心がけています。人気があるのは、ダブルクリップで作ったコーヒーのドリッパーホルダーとか、針金を曲げてシェラカップのハンドルに付けた箸置きとか。海外の方にはナイフの動画もよく見られているようです。どれもニッパーとかペンチとか、せいぜいサンダーくらいあればできる手軽なカスタムばかり。専門的な工具は使わずに、工程もできるだけシンプルに済むように心がけています。

ものを作る時は、まず絵を描くことから始めます。図面は描けないけれど、完成図や見取り図は毎回必ず描いています。それが描けたら寸法を決めて、ホームセンターで材料を吟味します。寸法はきちんと測りますが、最後の最後は現物合わせです。

アイデアのもとは、使ってみて不便だったという自分の体験だったり、ネットで見つけたかっこいいアイテムだったりします。ユーチューブもよく参考にしています。その場にいながらたくさんの情報をチェックできる今は、とても便利だと思います。

ボンゴのキャンパーにする作業は、これまでのDIY人生の集大成でした。「キャンピングカーのカスタムだなんて、自分には無理……」なんて声をよく聞きます。しかし、DIYははじめは簡単なことから始めればいい。やっているうちに、少しずつできることが増えていきます。それを積み重ねていくことで、どんなに大きなものも必ず作れるようになりますよ。

木工したり、電子部品の配線をしたり、ボンゴの改造はこれまでの経験や知識を総動員でした。ベッドのフレームは木で作りましたが、ホームセンターの安い木材は歪んでいて、ミリ単位で測って切っても、組み立てるとセンチ単位でズレます。合わせるのが大変でした。

料理は環境を整えることも大切

店ではキッチンに立っていましたから、料理はひと通りできます。でも、最近キャンプで作るのは簡単にできるものばかりです。たとえば、自宅で蒸し鶏を作っておいて、現地ではセロリやニンニクなどを巻いて焼くだけとか。下準備さえしておけば、ちょっと手を加えるだけで、外でも手間なく、おいしい料理が作れます。

簡単でおいしい定番料理がいくつかできたので、積極的に新しいレシピを考えたりすることはほとんどなくなりました。それでも気が向くと、ユーチューブの料理系のチャンネルやインスタグラムをチェックしています。おいしそうなものを見ると、作ってみたり、アウトドアでも簡単にできるようにアレンジしてみたりしたくなるものです。

誰かと一緒の時や動画で見せる時は、盛り付けや見栄えも大切にしています。食べ

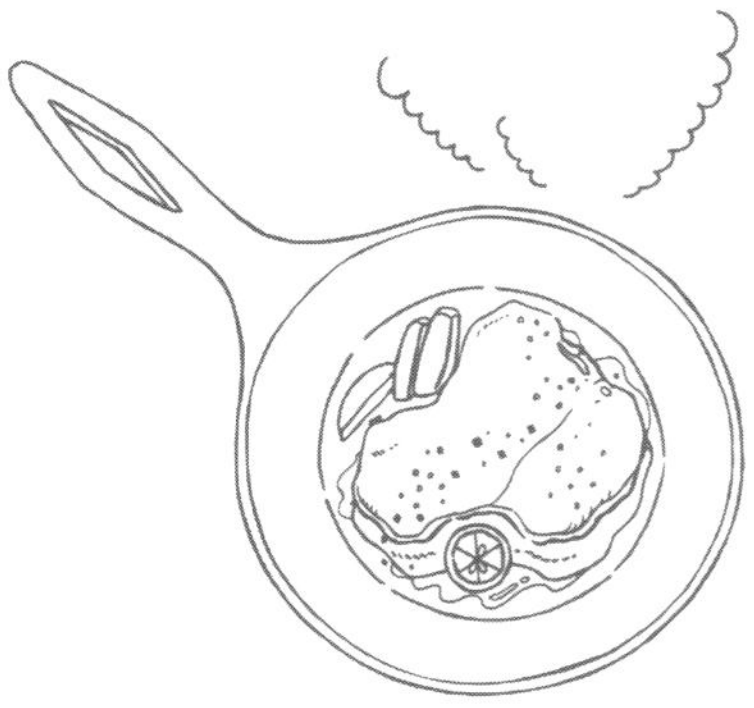

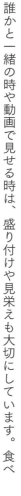

ておいしいのはもちろんですが、おいしそうな見た目にもこだわりたい。20代から料理をしてきたので、ついつい欲が出てしまいます。手慣れている反面、料理の撮影は撮り直しもできないので、実をいうと一番大変なジャンルなんです。きれいに湯気が立つように寒いのを我慢していたり、撮影の裏ではけっこう苦労しています。

プライベートの時は、自宅でも旅先でも朝はだいたいパンで済ませています。車中泊の旅なら、朝はトーストと卵焼き、サラダなんかを簡単に作って、昼や夜はその土地のおいしいものを食べて回るのが楽しみです。お店のリサーチは妻が担当です。普段は少食なんですが、旅先でおいしいものがあるともれなく太って帰ってきますね。北海道旅行では2kgも増えました。

料理をスムーズにするには、調理環境を整えるのも大事です。たとえば、車中泊する時はバッテリーがあるので、調理には炊飯器やIHヒーターを使っています。これなら一酸化炭素中毒になる心配もありません。調理器具が揃っていれば、何ができるかもはっきりするし、扱いに慣れれば余裕が生まれてできることも増えていきます。

winpy-jijii

KEEP PLAYING NO MATTER HOW OLD YOU GET.

服はずっとトラッド。でも古く見えない今風に！

ファッションに興味を持ち始めたのとＩＶＹやトラッドが流行り始めたのが、ちょうど同じタイミングだったと思います。興味を持つようになったのは、中学３年生の頃。友達の影響で『メンズクラブ』を見るようになったことが大きいです。黒沢年雄さんや草刈正雄さんもモデルで出ていました。少しあとになりますが、木村東吉さんのおしゃれなアウトドアスタイルには憧れましたね。自分にとって、ファッ

ションだけでなく、ライフスタイルや趣味の分野でもバイブルでした。

兄弟の影響で趣味が変わるというのはよく聞く話ですが、兄も弟もファッションにはまったく興味がなくて、逆に服を買ってきてほしいと頼まれていました。

服は梅田か難波で買うことが多かったですね。阪神百貨店の1階にVANが入っていて、心斎橋には三峰がありました。店に行くとサーフボードとかホッケーのスティックのような遊び道具がディスプレイされていて、そういう世界観のようなものも刺激になりました。のちにアメリカ好きになる下地にもなったと思います。

当時はインディアンマドラスのチェックが流行っていて、これとコットンのパンツがお決まりの格好でした。中高は制服だったので平日はほぼ私服を着ることがなくて、週末に友達と遊ぶ時が唯一のおしゃれのしどころです。

トラッドなスタイルは、今も変わらず好きですね。でも、先日ネットを見ていたら、ダサい服装の一例でチェックのシャツとコットンパンツというのが出ていました。「僕のことやん」と思いましたが、若い子たちにも古臭いと思われないよう、シルエットや素材などで今風にアレンジすることは心がけているつもりです。

キャップは自分らしくアレンジ

若い頃から今に至るまで、普段着はずっと同じようなテイストですが、登山や自転車を始めてからは、動きのあるアウトドアでは機能的な服を選ぶようになりました。機能的な服は上手く使うと疲れにくくもなるので、こちらは道具と似た感覚で選んでいます。同じアウトドアでも、キャンプの場合はほぼ普段着と変わりません。

ブランドには、まったく興味もこだわりもありません。同じブランドの同じ定番シャツを長年買い続けるということもありません。ちょっとずつ変わっています。

服の場合は、ブランドよりもやはり素材やシルエットの方が気になります。たとえば、コットンのパンツは昔よりもちょっと細身になっていますよね。素材も今風のものがあればそういうものを選ぶことで、古臭く見えなくなるんです。

このごろは、パンツはほとんどユニクロになりました。安いし、近所で買えるし、シルエットも今っぽい。ただ、トップスは気に入る色がなかなかなくて、ちょっと探さないといけない感じです。色は自分がいいと思うものを選んでいますが、色数は使いすぎないよう心がけています。コーディネート内で2色か、せいぜい3色までに抑えてシンプルに。これは道具をカスタムする時にも当てはまる私のルールです。

メガネや腕時計のようなものにも、特にこだわりはありません。自分が気に入って、いいと思えるものを選びます。街で履く靴はナイキかニューバランス派です。シンプルなロゴが好きで、派手すぎないモデルを履いています。

20代のころからずっと代わり映えしない服装ですが、キャップだけは服に合わせたいので、いくつか使い分けています。常に5、6個持っているかな。Nバンに乗っているので、アルファベットのNのワッペンを縫い付けたり。細かいところで自分らしさを出すようにしています。

この日はパンツと同じカラーのキャップにしました。シンプルな白いシャツだったので、アクセントにスカーフを巻きました。

winpy-jijii
KEEP PLAYING NO MATTER HOW OLD YOU GET.

バッドエンドな映画に心惹かれてしまう

映画館に初めて行ったのは中学生になってからで、『日曜日には鼠を殺せ』という映画でした。近所の映画館で、たしか学校をサボって行ったんじゃなかったかな。友達がものすごい映画マニアで誘われるままについていきましたが、内容をよく覚えていないのは、たぶん話についていけなかったからです。でも彼の影響でいろいろな映画の楽しみを知って、高校時代は映画監督になりたいと思っていました。

若い頃は洋画ばかり見ていました。ハッピーエンドも嫌いじゃありませんが、予定調和ではない、主人公が急に死んでしまうような映画に惹かれます。上手く説明できないんですが、都合よくいかないところに心を打たれるというか。

一番好きな映画は『俺たちに明日はない』です。実在するボニーとクライドという銀行強盗をモチーフにした映画で、最後はふたりとも撃たれて死んでしまうんですが、衝撃的な場面には言葉を失いました。フェイ・ダナウェイがかっこよくて何度も見直しましたね。同じような路線でいうと、『イージー・ライダー』や『タクシードライバー』も好きな映画です。

俳優や監督が気に入ると追いかけるタイプで、スティーブ・マックイーンにファンレターを送ったこともあります。『スクリーン』という映画雑誌にファンレターの例文が載っていて、それをそのまま真似しました。ちゃんとサイン入りのブロマイドを送ってくれましたよ。俳優ならジャック・ニコルソンやロバート・デ・ニーロ、トム・ハンクスとかレオナルド・ディカプリオの出演作、監督ならフランシス・フォード・コッポラやマーティン・スコセッシの映画はほとんど見ています。

最近は、昔のように映画館には行かなくなりましたが、アマゾンプライムやネットフリックスを利用していて、ネットだと時間や場所を選ばなくていいので暇さえあれば映画を見ています。ネットのおかげで邦画やドラマを見ることも増えました。

ユーチューブを始めてからは、ストーリーよりカメラワークやカット割りや編集が気になってしまって、そこばかり見ています。TVの取材を受けた時にプロのカメラマンにそんな話をしたら、まったく同じだと言ってました。いっぱしになった気がして、ちょっとうれしかったです。

winpy-jijii
KEEP PLAYING NO MATTER HOW OLD YOU GET.

家を買うほど夢中になったバスフィッシング

釣りは子どもの頃からの遊びで、川や湖から海釣りまでなんでもやりましたが、バスフィッシングにはすっかりハマってしまいました。はじめてバスフィッシングのことを知ったのは『メンズクラブ』でした。「アメリカの最新の釣り」と紹介されていて、自分が知っていた釣りと違って道具立てがスマートでかっこよかった。なんでも格好から入る方ですから、すぐに真似しました。

関西でバスフィッシングといえば琵琶湖です。毎週のように通って、店を閉めて会社勤めを始めたのを機に、ついに近くに家まで買ってしまいました。

格好から入ったバスフィッシングですが、いざ始めてみると奥が深くて、そのゲーム性にますます夢中になりました。琵琶湖には条件の異なるさまざまなポイントがあって、季節や天気、時間帯によっても釣果は変わってきます。こうじゃないかと自分で予測を立てて、それが上手くハマった時はもう最高です。

今まで釣り上げた一番大きなバスは47㎝。琵琶湖ではあまり自慢できるサイズじゃありませんが、ラッキークラフトのサミーというトップウォーターのルアーで、狙い通り釣れたのがうれしかったですね。

最初は陸から狙う陸（おか）っぱりでしたが、のめり込むとより広範囲を自由に攻められるボートが魅力的で、船の免許を取って12フィートのアルミボートを手に入れました。Vハルのシーニンフと言えば、やっている人はわかってくれるはず。船検(車の車検に相当するもの）がいらない9・9馬力の船外機と、ポイント近辺を小刻みに移動できるエレキ（電動のモーター）、魚群探知機も積んだフル装備で、格好ばっかりは一人前でした。その後はさらにエスカレートして、仲間4人で大型のボートを共同所有したこともあります。200馬力の船外機が付いたヤツで、さすがに速かった。

行くところまで行った感じでしたが、誰がボートを使うかグループで日程をやりくりするのが面倒になったり、維持費が高かったりしたこともあって、だんだん足が遠のきました。あそこまでのめり込むようなことはもうないと思いますが、釣り自体は今も好きで、時々海の堤防で気軽なサビキ釣りを楽しんでいます。こんな話をしていたら、またやりたくなってきたなあ。

winpy-jijii

KEEP PLAYING NO MATTER HOW OLD YOU GET.

山頂に立つと、次もまた行きたくなる

登山は定年退職後に妻とふたりで始めました。きっかけは、「そういえば山登りってしたことないし、いっぺん行こか?」くらいの軽い感じだったと思います。

初めて登ったのは、北アルプスの白馬です。ライトエースにバイクを積んで、前日は青木湖でキャンプをしました。翌日、バイクにふたり乗りで中腹まで行って、そこからさらにリフトで上まで行き、八方(はっぽう)池まで登りました。初めてで装備もなくて、下はジーンズでした。大した距離は歩いていませんが、それまでぜんぜん山を歩いたことがなかったから、結構大変な思いをしましたがあまりに気持ちがよくて、また行きたくなりました。

それから徐々に登山道具を揃えて、次は立山に挑戦しました。富山側からバスで室堂（むろどう）まで上がって、雷鳥沢（らいちょうざわ）にテントを張って、稜線上の立山三山をぐるっと一周する定番コースです。コースタイムよりもだいぶ時間がかかってしまい、もう疲れて、疲れて……。

同じく、北アルプスにある燕岳（つばくろだけ）も大変でした。山小屋を利用すれば素人でも行けるよ、と教えてもらって選んだんです。たしかに山小屋は快適だったのですが、まさかあんなに歩かされるとは。あとになって、「素人でも行ける」とは「一本道で迷わない」という意味であって、山頂に向かう合戦（かっせん）尾根のコースは〝北アルプス三大急登〟のひとつと聞いて納得しました。そりゃあ、疲れるわけですよ。

以後は、そんなに高い山には行っていませんが、日帰りのハイキングはよく出かけています。毎回苦労しますが山頂に立った時の達成感は格別で、また行きたくなりますね。

winpy-jijii
KEEP PLAYING NO MATTER HOW OLD YOU GET.

ハンターカブに乗って世界が広がった

18歳で免許を取ってから車一本で、バイクにはそんなに興味がありませんでした。カミナリ族や暴走族を連想してしまって、自分の中ではイメージがあまりよくなかったんですよ。それが一転して免許を取ったのは、オフロードバイクに乗っていた店の常連さんの影響でした。林道を走るのは楽しいよ、って誘われたのがきっかけです。

その頃は四駆の車で林道を走ったりしていましたが、そういう場所にはオフ

ロードバイクも走っていたので、認識はしていました。自分はラリーが好きでしたが、言われてみればオフロードバイクも同じような種類の遊びだなと思って、中型免許を取りました。

最初に乗ったのは、ホンダのXL250。すぐにみんなでツーリングに行きました。周囲を囲まれた車と違い、バイクは風を切って走るので、乗ってみると想像していたよりもずっと爽快でした。舗装されていない林道を走る感覚も、車よりダイレクトで楽しかった。

それから125ccのホンダMTRなど何台か乗り継ぎましたが、店を閉めて就いた新しい仕事は怪我がご法度。オートバイはあまり歓迎されていなかったので、一度降りました。

今に続くカスタム熱はバイクから始まった

一旦は冷めたバイク熱ですが、仕事にも慣れて落ち着いてきた頃に、ふとまた乗りたいという思いが湧いてきました。選んだのはホンダのCT110、通称ハンターカブです。怪我できない状況は変わりませんでしたが、小さいバイクにして林道に行ったりしなければ大丈夫だろうと、自分に都合よく考えました。

もともと、ハンターカブは海外向けに作られたバイクで、日本で発売された時は〝トレッキングバイク〟なんて呼ばれていました。当時愛読していた『メンズクラブ』にも広告がのっていましたよ。ブロックタイヤでオフロードっぽい雰囲気もあるし、ちょっとおしゃれな感じなのも好きでした。今はすごいプレミアがついていますね。自分が買った時もすでに絶版になっていましたが、今ほどの人気ではなくて、状態のいい中古が手に入りました。

ハンターカブはおもしろかったですね。110㏄は大きすぎない手頃なサイズで、カスタムの素材としてもちょうどよかった。いろいろなカスタムの前例や、お手本になるようなかっこいいバイクもたくさんありました。

カブはマニアがたくさんいるんですが、ハンターカブも同じで、自分のカスタムをブログで公開したり、イベントに顔を出したりするうちに仲間が増えていきました。イベントで賞をもらったこともあるんですよ。カブはウィンカーを出すと点滅に合わせて「ピッピッピッ」と電子音が鳴るんですが、ハンターカブはその部品が付いていません。音が鳴らないので、ウィンカーを点けっ放しにしてしまうことがよくあった。そこで、カブ用の部品をハンターカブに取り付けられるよう、アダプターのようなものをアルミで自作したところ、それが好評でした。DIYをする時は使い勝手だけじゃなくて、見た目も気にするようにしています。きっと、それがよかったんだと思います。

そうやっていろいろなカスタムをしたり、妻とふたりでツーリングに行った様子はユーチューブでも公開して、たくさんの方々に見てもらいました。その後は新しいクロスカブに乗り換えて、こちらも同じようにカスタムを楽しみました。ハンターカブとクロスカブはたくさんの新しい仲間を作ってくれて、その繋がりは今も続いています。

長い付き合いになったハンターカブ（手前）。体が小さいので車高が高いオフロードバイクは足付きが悪くて苦労しましたが、そういう部分でもカブは自分にはとても合っていました。ミニマムな装備で楽しむツーリングキャンプもこのバイクで覚えました。

車中泊+折りたたみ自転車で旅をもっと楽しく

自転車は、ツーリングよりもポタリング派。散歩するように走って、おもしろそうなところがあれば止まって覗いてみる。そんなスタイルが好きです。

ロードバイクを持っていたこともありますが、ちょっと若い仲間と出かけたら、とてもついていけなくなってしまいました。スポーティなヘルメットやサイクルジャージ、ビンディングペダ

ルを身につけていると、気になるお店を見つけても寄り道しようという気になれません。急がず焦らず、のんびり行くのが、自分の性格的にも体力的にも合っているんです。

今の愛車、ブロンプトンは長年憧れていたイギリスブランドの折りたたみ自転車です。高価な買い物でしたが、車中泊の旅に自転車を持っていきたくて、清水の舞台から飛び降りるつもりで、妻の分と2台買いました。

たとえば、名所を見たり、ご飯を食べたりと旅先の街を巡る時に、いちいち駐車場を探すのは面倒ですよね。どこか1ヶ所に車を止めておいて自転車で回れば、効率よく動けます。通りすがりにおもしろそうなところを見つけた時、自転車ならすぐに止まれる。車だと、そうはいきません。

自分たちの旅のスタイルには、折りたたみ式がぴったり。購入前にクチコミをさんざん見て頭ではわかっていましたが、簡単に折りたためることと軽いことがどれほど快適なのか、使ってみて痛感しました。たたむのに手間がかかったり、重たくて持ち運ぶのが面倒だったりする自転車は、結局使わなくなってしまうんじゃないかな。

値段で二の足を踏んでいましたが、今ではもっと早く買えばよかったと思っているくらいです。

winpy-jijii
KEEP PLAYING NO MATTER HOW OLD YOU GET.

フィルムからデジタル動画へ。撮影歴は50年超

一眼レフで写真を撮り始めたのは、ハタチの頃です。昔から写生が好きで、それまでは趣味で水彩画を描いていたんですが、仕事をするようになるとまとまった時間が取りにくくなって続けるのが難しくなってしまいました。写真ならパッと撮れていいんじゃないかと思ったのが、撮り始めたきっかけです。

親戚に中森三弥（なかもりさんや）さんという写真家がいたことも、大きかったと思いま

す。難波の写真学校で教えながらカメラ店も営んでいた方で、「ニコンがええで」と言うので、そのお店でニコンのFを買いました。

写真の基礎は、その中森さんに教えてもらいました。スマホで写真が撮れる今では想像できないかもしれませんが、フィルムの時代はシャッタースピードや絞りを合わせないとまともに写りませんでした。1本のフィルムで撮れる枚数も限られていたので、今よりももっとていねいにシャッター切っていました。

Fはニコンが作った最初の一眼レフカメラで、プロも使っていて、当時はすごく人気がありました。ファインダーを露出計が付いたフォトミックに換えて、デジカメになるまでずっとこればかり使っていました。

凝り性の私は、一度始めるとなんでものめり込んでしまいます。写真趣味も、撮影だけでなくすぐに暗室作業を覚えて、当時の自宅の押入れを暗室に改造して、モノクロは現像からプリントまで自分でやっていました。旅行から帰ったらすぐに写真が渡せるので、仲間には喜ばれましたね。

ニコンから現在はパナソニック派

フィルムの時代は、ずっとニコンでした。しかし、だんだん趣味が増えてきて、カメラが重たいのも大変なので、コンパクトデジカメに替えました。ユーチューブを始めた時はキヤノンのパワーショットで撮影していました。動画の割合が徐々に増えてきてソニーのNEXにしましたが、長時間の動画を撮ろうとすると止まってしまうというトラブルが続いたので買い替えました。いろいろ調べてみると、どうやらパナソニックのGH4の評判がいい。カタチはブサイクなんですが、機能を優先してこれを選びました。

最初に買った1台はタッチパネルが壊れてしまって、修理しようとしたら結構な金額がかかりそうだと言われたんです。調べてみたら型落ちの新品が修理代と同じくらいで買えるのがわかったので、もう1台買いました。壊れた方も撮影自体はできるのでそのまま使い続けていて、今は2台体制です。もう4年も使っていますが、結構コンパクトだし、以降はトラブル知らず。評判通り、これは名機ですね。

この2台のほかに、コンパクトなＬＸ９を手持ちでアップを撮る時用に使っています。同じパナソニックなので、操作の仕方が一緒で迷うことがありません。動きがある撮影の時は、ゴープロも併用しています。登山の時などは、ＬＸ９とゴープロという組み合わせで行ったりしています。

いろいろな動画を撮ってきましたが、特に大変なのは料理です。素人なので撮り直したりするのは現実的ではなくて、基本的には一発撮り。失敗できないので事前に手順やカメラ位置を頭に入れてからとりかかります。

機材は好みもありますが、トラブルがないのが一番です。スチールにせよ動画にせよ、気を使わずに撮影に集中できる方が、いいものに仕上がると思っています。

メインカメラは機能優先でパナソニックの GH4。静止画をプリントすることはないので画質も十分です。サブカメラは LX9。同じパナソニックなので操作の仕方も一緒でストレスがありません。

winpy-jijii
KEEP PLAYING NO MATTER HOW OLD YOU GET.

リラックスタイムに欠かせない香りと味

毎朝淹れるコーヒーで一日が始まります。高校生になって喫茶店に行くようになりましたが、愛読していた『メンズクラブ』には、「コーヒーは香りを楽しむもの。ホット以外は飲むな」なんて書いてあって、律儀に夏でもホットコーヒーを飲んでいました。自分の店ではネルでドリップして出していました。

若い時から飲んでいるからか、コーヒーは外遊びでも欠かせない存在です。日帰りのハイキングでも、インスタントではなく時間をかけてドリップすることでリラックス

できます。山に登る時は、あと片付けしやすい市販のドリップバッグを持っていきます。

そうやっていつも楽しんでいるせいか、気がつくと外でコーヒーを淹れるセットや、DIYで簡単に作れるドリッパーの動画が増えていました。スタンレーのランチボックスにストーブやポット、ミルやドリッパーをまとめたコーヒーセットは、どこに行く時も持っていくお気に入りです。

自分はただのコーヒー好きでマニアックに味を追求したりはしていませんが、岩崎泰三さんというコーヒーの専門家とユーチューブでコラボしたことがあって、自分で焙煎する方法も教えてもらいました。意外と簡単でしたよ。アウトドアで焙煎したコーヒーは格別でしたね。酸味が少ない深煎りのコーヒーが好みというのもわかりました。

岩崎さんとのコラボでは、びっくりすることもありました。大阪の「リロコーヒーロースターズ」という店に、日本でもトップクラスの焙煎士がいると教えてもらったんですが、それがなんと弟の息子、甥っ子でした。中村圭太といいます。

このコラボのあと、すぐに連絡を取りました。40年ぶりでしたが、親戚がそうやって活躍しているのはうれしいものです。最近は、彼が焙煎してくれたコーヒーを取り寄せて飲んでいます。

Column 2

ジジイの愛車遍歴

ジジイのアウトドアライフは、乗り継いできた車の遍歴とも重なります。本編では紹介しきれなかった歴代の相棒たちをご紹介。イラストも自分で描いてみました。

ホンダ／ N360

免許を取ってすぐに初めて手に入れた自分の車は、ホンダが手がけた初の軽自動車、通称「エヌサン」です。当時には珍しく豊富なカラーバリエーションが人気の車でしたが、自分は紺色に塗り替えて乗っていました。おしゃれな雰囲気とパワフルな走りは、今もNバンなどホンダのNシリーズに受け継がれています。

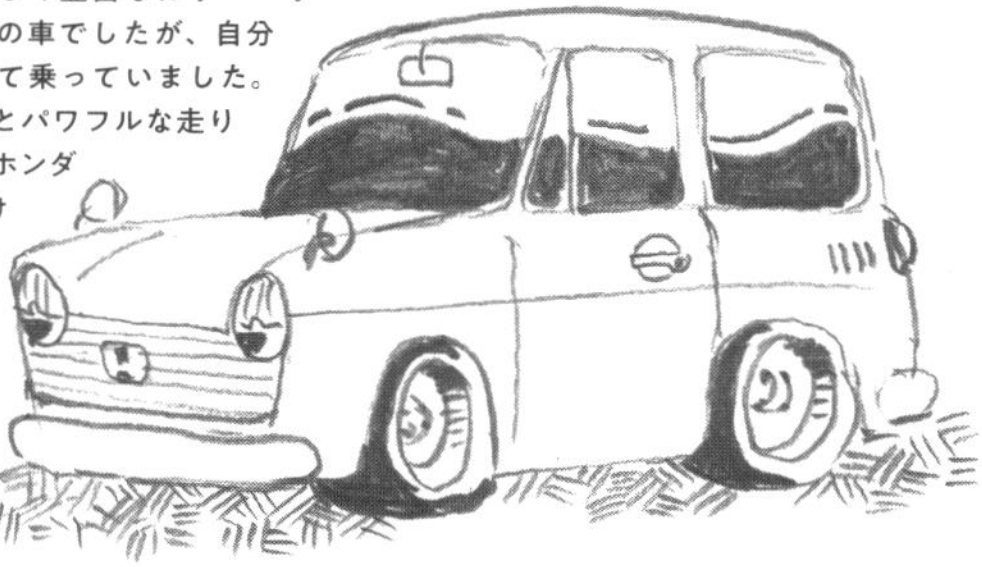

トヨタ／ランドクルーザー BJ40

それまで１ナンバーだったランクル初の４ナンバー車。この前に乗っていたハイラックスのピックアップトラックと、このあとに乗ったハイラックスサーフは新車で買いましたが、これは中古だったと思います。当時はまだ、ほとんどカスタムはせずに乗っていました。今これに乗っていたら、かっこええやろな～。

トヨタ／ライトエース

ボルボから乗り換えたのがこちら。自転車やバイクをメインに遊んでいた時期に10年くらい乗りました。決め手は私と妻のバイクや自転車を楽々中積みできること。いつもバイクか自転車がのっていたので、荷物はその隙間に押し込んでいました。このライトエースまでは、ほとんど車のカスタムはしていませんでした。

ホンダ／Nバン

キャンパー仕様のカスタムを始めるきっかけになった１台。実は、はじめはＮボックスをキャンパー仕様にカスタムするつもりだったんですが、いろいろあってＮバンに落ち着きましたね。これは新車で購入したんですが、新しい車はカスタムするのになかなか思いきりが必要でした。ある程度汚れている中古車の方が、カスタム欲が湧きやすいような気がします。

通常タイプの
ハイラックスにも
乗っていました

TOYOTA

240
5240
WAGON

ボルボ／ 240 ワゴン

ちょうどブラックバス釣りにハマっていた時期に乗っていました。車中で仮眠ができるサイズなことと、カヌーやアルミボートをひとりでも後ろから載せやすいよう、スライドバーを取り付けていたのがポイントです。限定の赤いカラーと収納性の高さが気に入って10年以上乗り続けていましたが、自転車やバイクで遊ぶようになったのを機に手放しました。

トヨタ／ハイラックス ピックアップトラック

新婚旅行先のカリフォルニアやハワイで見たピックアップトラックがあまりにかっこよかったので、帰国後すぐに購入しました。日本規格なので、使いやすいサイズでしたね。このあとも何台か4WDを乗り継ぐのですが、ピックアップトラックに乗ったのは、あとにも先にもこの１台だけ。ちなみに、これの前はワーゲンゴルフに乗っていました。

ホンダ
シティなどに
乗っていた
ことも

winpy-jijii

KEEP PLAYING
NO MATTER HOW OLD
YOU GET.

CHAPTER 3

ジジイ流
キャンプスタイルあれこれ

子どもの頃から外遊びが好きで
73歳の今もキャンプや登山に出かける。
最高のパートナーである妻と一緒に
夢は自作のキャンパーで日本一周すること。
winpy-jijiiは、こんなふうに遊んでいる。

winpy-jijii
KEEP PLAYING NO MATTER HOW OLD YOU GET.

車中泊で行く、バンライフならぬバンツアー

車中泊は若い頃からよくしていました。道が混まない夜のうちに走って、現地で仮眠をとって朝イチから遊び始める。アウトドアの遊びを趣味とする人の間では、昔からおなじみのスタイルです。

その頃はただシートを倒して、文字通り、車中で仮眠をとるだけでした。目的地に着いたらすぐに寝て、起きたらすぐに遊び始める。ゲレンデの駐車場で寝て朝イチのリフトに並んだり、釣りのポイントのすぐそばで寝て、朝マズメから釣り竿を振ったりという感じです。寝るだけではなくて、今風に車内の居住空間を整えて、食事をしたり、くつろいだりできるようなキャンパースタイル

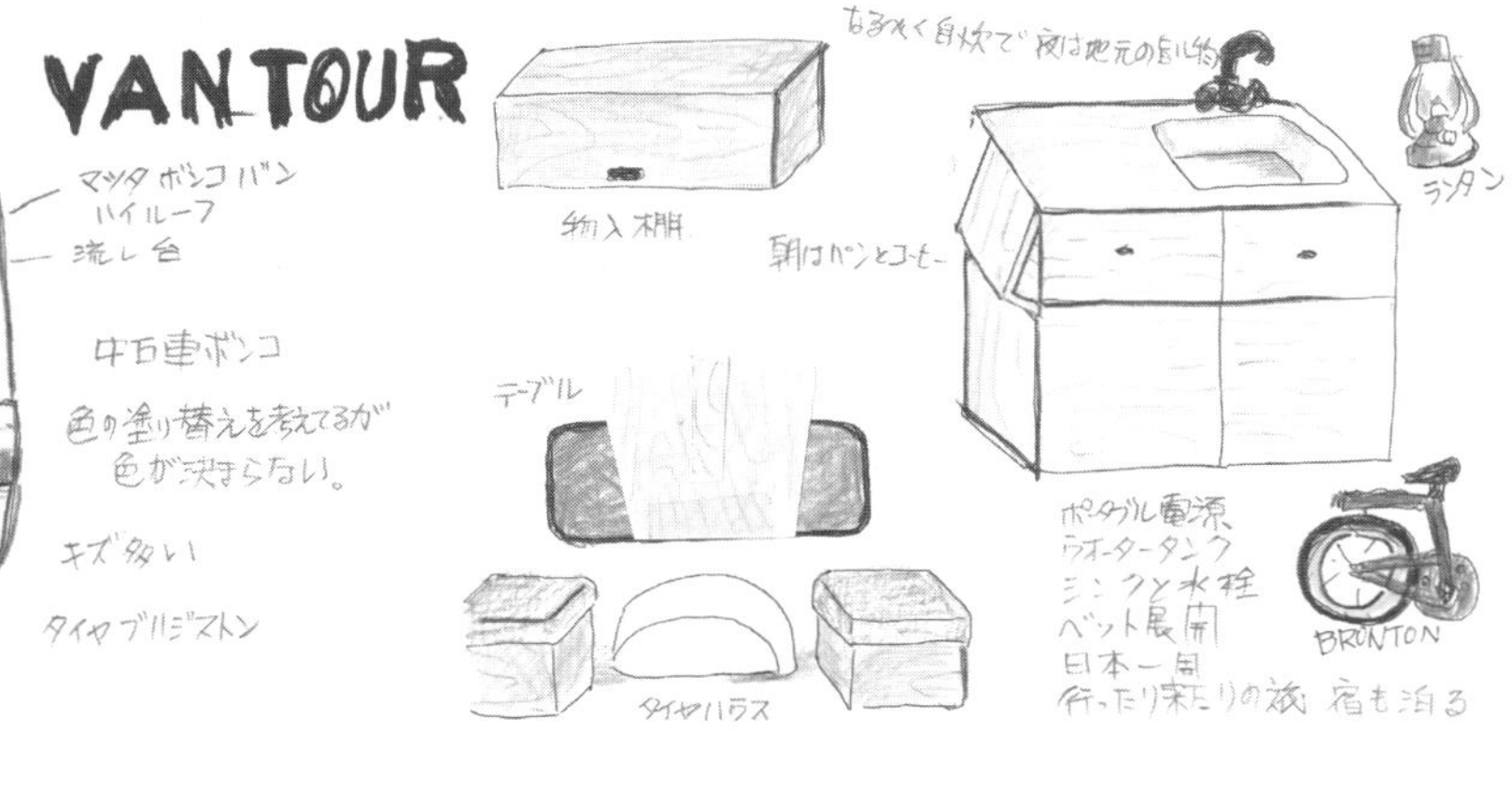

の車中泊を始めたのは、Nバンに乗り始めてからです。

いうまでもありませんが、車中泊のメリットはテントを設営する必要がないので、とにかく楽なこと。ハンターカブに乗っていた頃に仲良くなった同世代の仲間は、今、示し合わせたかのように車中泊の旅を楽しんでいます。歳をとってバイクは降りたけど、旅をすることはみんな諦めたくないんですね。

車中泊なら、たとえ雨が降っていても設営や撤収の手間がありません。仮に移動の途中で疲れてしまっても、安全に車を止められる場所さえあれば、そこですぐに寝ることもできるのです。

そういった気楽さに加えて、自分にとってはDIYすることも大きな楽しみになっています。最初からいい車を買うという手もありますが、ベッドを作ったり、テーブルや椅子のレイアウトを考えたり、限られた空間をい

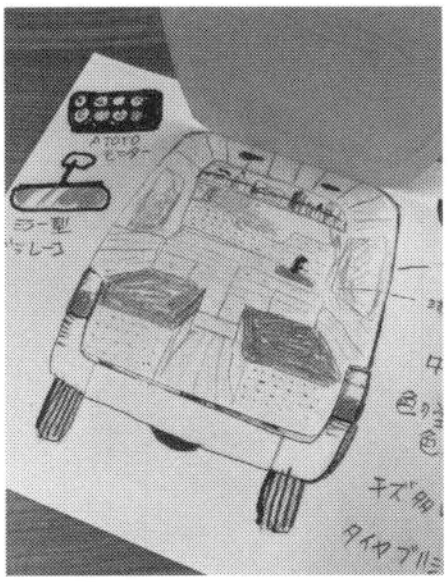

ユーチューブ用に描いたスケッチ。部分的に切り抜いてあり、リアゲートを開けて中も見られます。

ベンチの絵をめくると寝袋に入ったジジイとババアが登場。飛び出す絵本みたいと好評でした。

ベンチ兼ベッドの下は物入れです。後ろが開くようになっていて、蓋はそのままテーブルとしても使えます。

かに自分らしく、快適にできるか試行錯誤するのも楽しんでいます。

Nバンのカスタムはほぼ完成しましたが、妻とふたりで使うにはやっぱり狭いので、新たにボンゴを手に入れました。夢は日本一周です。一気に回るのは大変だと思うので、何度かに分けて行くことを考えています。

たとえば10日間かけて北海道を一周したら、一度自宅に帰って、いい季節を見計らって次は九州に行って、という具合です。旅のあいだは車中泊だけにこだわらず、ホテルも使うなど、無理せず旅を続けたいと思っています。ジジイとババアなので、バンライフではなくバンツアー。バンで暮らすのではなく、バンで旅をする。そういう車中泊の旅をイメージしています。

目立たぬようにひっそりと。立つ鳥跡を濁さず

車中泊の旅では、とにかくマナー違反をしたり、

平成30年式のマツダのボンゴバン。このサイズのキャブオーバーは今はなくなってしまいました。

周りに迷惑をかけたりしないように気をつけています。

たとえば、道の駅は車の旅に欠かせない施設ですが、仮眠をするのはOKでも、車中泊目的の利用は原則的に禁止とされています。すでに車中泊キャンパーの利用が問題になっている場所も多々ありますが、テーブルを出してデイキャンプのようなことをするのはNGだし、ゴミを放置していくなんてもってのほかです。

仮に車での宿泊が黙認されているような場所だとしても、できるだけ目立たないように行動するのが大切です。夜間に大音量で音楽やラジオをかける人はさすがにいないと思いますが、アイドリングのエンジン音や、静かな場所ではドアの開け閉めの音やひそひそ話でさえも、意外と気になるものです。目立たぬようにひっそり休んで、立つ鳥跡を濁さず。これが車中泊旅の基本です。

北海道の旅では、道の駅で仮眠をとることもありましたが、キャンプ場も積極的に使いました。車中泊できる場所を限定しているキャンプ場もあるので、そういうことも旅の計画時にちゃんと確認します。

設備が整ったRVパークは、電源も使えますし安心して利用できる選択肢です。今はたくさんの人たちが車中泊を楽しんでいるので、こうした、誰でも安心して使いやすい環境が今後ますます整っていくと期待しています。

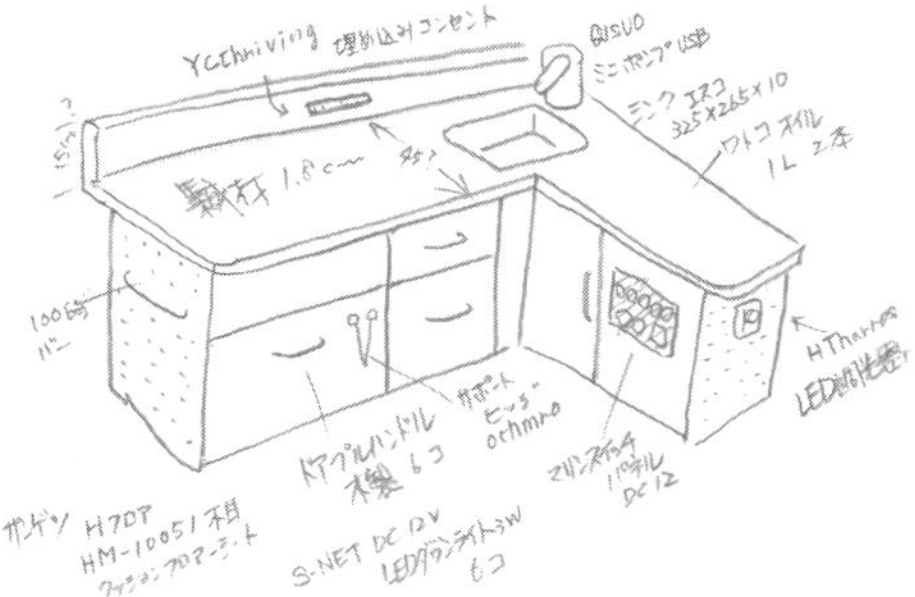

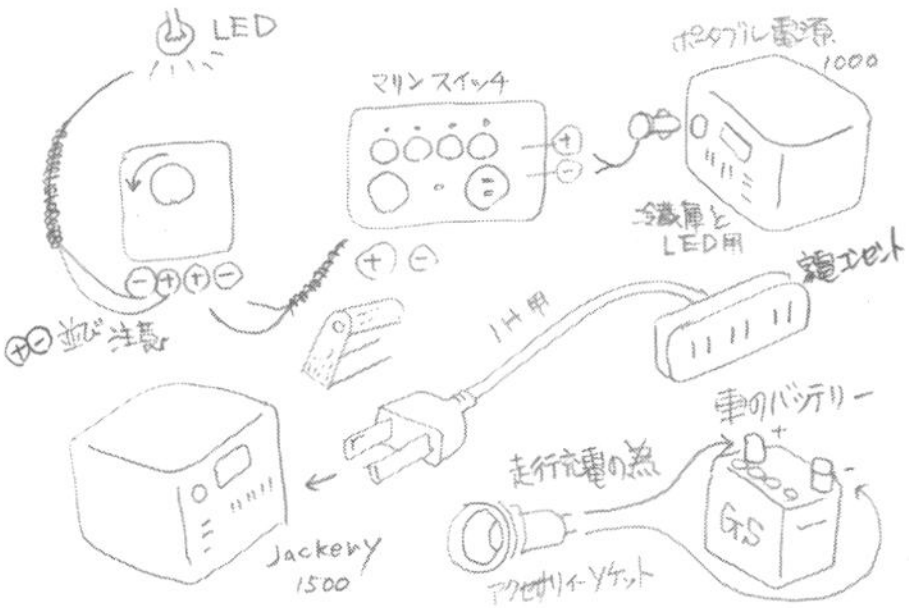

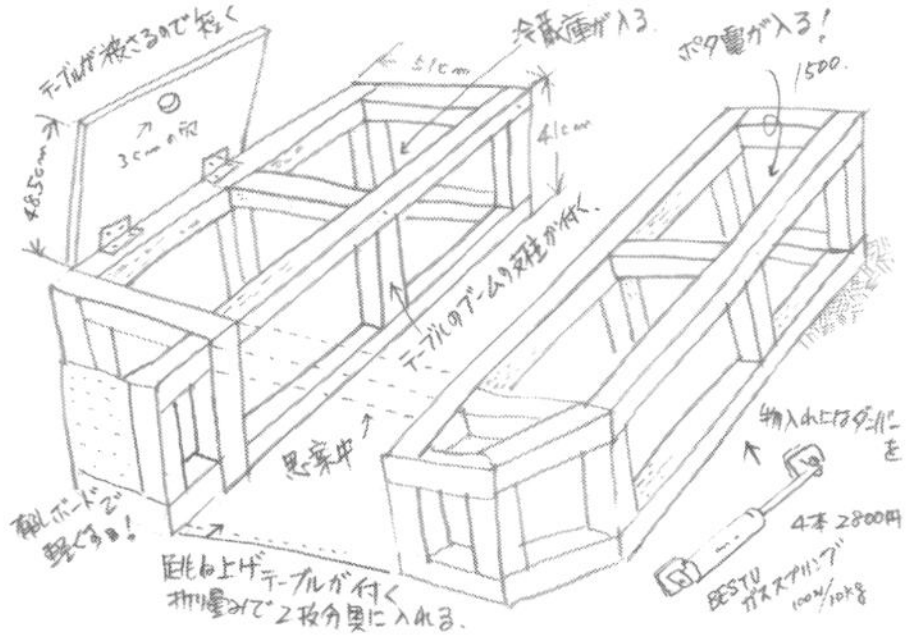

図面は描けませんが、代わりに絵を描くようにしています。必要なものがわかったらホームセンターやネットで部材を調達します。

winpy-jijii

KEEP PLAYING NO MATTER HOW OLD YOU GET.

道具はキャンプのスタイルによって替える

車中泊の旅やオートキャンプに行く時は、キャンプ用の道具だけでなく、もともと家にある道具を持ち出すこともあります。新たにギアを購入する場合も、車なら持ち運びの心配がないので、機能を追求したテクニカルで軽量な要素よりも、デザインや価格を優先して選んでいます。デザインはシンプルなもの、自然に溶け込むような色合いのものが好きです。一時期は赤がマイブームでしたが、最近はカーキの道具ばかり増えています。

買い物は実店舗にはあまり行かず、ほとんどネットの通販で済ませています。「高くてもこれでなければ」というものを除けば、安さも重要なセレクトポイントです。クチコミはもちろんチェックしますが、多少怪しげでも「この値段なら失敗してもええか」と思えたら試しに買ってみることもあります。使えればラッキーくらいのつもりですが、長年いろいろなものを見てきているので、それなりの選択眼はもっているつもりです。

今のところ、まったく使えなくて困ったという大きな失敗はありません。たとえば、最近よく使っているネイチャーハイクのツーバーナーは1万2000円くらいで購入しました。CB缶を使うタイプなのでランニングコストが安く、バーナー部とガスボンベをホースで繋いで距離がとれる分離型なので、鍋からの輻射でボンベが加熱される心配もありません。しかも、折りたたみ式で収納もコンパクト。有名ブランドのものに比べたら、だいぶリーズナブルだし、性能的にも満足しています。

車中泊やオートキャンプなら道具にはほとんどこだわらず、こんなふうに自分が使いたいと思うものを選んでいます。でも、登山の道具はこうはいきません。山ではすべてを自分で背負わなくてはいけないので、徹底的に軽さを追い求めます。

初めて山でテント泊をしたのは立山でしたが、この時の装備一式が15kgでした。一般的には重すぎるというほどではありませんが、山を歩き慣れていない自分には大変な重さでした。

ネイチャーハイクのツーバーナーは掘り出し物。ブランドの有名無名にこだわりはありません。

軽量化の大切さが身に染みたところで、UL（ウルトラライト）という軽さを追求するハイキングのスタイルがあることを知って、そういうものを参考に装備を見直しました。大幅に軽量化したのは、テントとバックパック。クッカーもすべてチタン製のものに替えて、トータルの重量を8kg程度にまで抑えることができました。このくらい軽量化できると、楽しく歩けるようになります。

以来、車で行くキャンプでも、ソロスタイルの時は軽量な登山用の装備を持っていくようになりました。設営も撤収もこちらの方が楽です。

買う前に、まずは行って遊んでみること

キャンプにせよ、登山にせよ、これから始めようとしている人の中には何を基準に

登山を始めたばかりの頃。現在は道具のウルトラ・ライト化を進めて、山歩きがかなり楽になりました。

揃えればいいのか、悩んでいる人は多いかもしれませんね。雑誌やネットの記事、ユーチューブの動画は参考になりますが、情報が多すぎて、この中から初心者が自分に合ったものを選ぶのは至難の業だと思います。

そんな状況でひとつアドバイスをするとしたら、「まずはいっぺん行ってみよ」です。ほとんどの人が、最初は知人や友人に連れられて外遊びを始めると思います。ワクワクしながら道具を揃えるのも楽しいことですが、初めてなら行く前にすべてを揃えようとするのではなく、借りられるものは経験者に借りてしまうのも手だと思います。ベテランの多くは同じ道具を複数持っていますし、最近はレンタルも充実しています。

最初にすべて揃えたつもりでいても、使わないものや足りないものが必ず出てきます。「せっかく買ったのに、これいらなかったな」なんてことにならないように、まずは行って体験してみること。そうすることで自分が本当にやりたいことが見えてきます。この人のやり方はかっこいいなとか、これはなくてもよさそうだなとか。

自分の道具を買うのは、それを見極めてからでも遅くはありません。

winpy-jijii

KEEP PLAYING NO MATTER HOW OLD YOU GET.

キャンパーでの日本一周旅は北海道からスタート

ボンゴをキャンパー仕様に改造して、1週間も経たないうちに北海道一周の旅に出かけました。日本一周の初めの一歩です。舞鶴港からフェリーで小樽へ。シーズンオフの料金が安いタイミングで、「今だ！」とばかりに勢いで決めました。

北海道に上陸するのは初めてでした。最近の自分たちの旅は、おおよその行程をやりたいことに合わせて決めています。たとえば、小樽の街を観光してみたいとか、知床を歩いてみたいという目的がはじめにあって、そのためにちょうどいい場所を宿泊地に選ぶ、という順番です。ポイントごとの観光や食事は妻が調べてくれます。

旅先では「ジジイさんですか」と声をかけられることもあって、有名人気分も味わいました。そうして知り合った人のクチコミを頼りに、その場のノリで次の目的地を決めたりするのも楽しかったです。

旅先ではスマホのアプリも活用しています。ホームセンターやコンビニのような行きたい場所を教えてくれる「ロケスマ」と、近隣の安いガソリンスタンドを表示してくれる「gogo.gs」にはだいぶ助けられました。ナビに従ってまったく知らない道を走りながら、そういえば昔は地図が手放せなかったよなぁと感慨深く思ったものです。つくづく便利な時代になりました。

北海道以外にも行ったことがない場所はたくさんあって、東北地方は未知ですし、関東エリアも実はほとんど知りません。いずれは残らず回ってみたいと思っていますが、次は桜の時期に合わせて九州を一周する計画です。暖かくなるのが楽しみです。

気に入った場所があれば何度でも

日本一周はひとつの目標ですが、どちらかというとあまり冒険はしない方です。たとえば、キャンプ場は気に入ったら何度もそこに通います。私は同じエリアに行くなら、一か八かで知らない場所に行くよりも、いいとわかっている方を選ぶ慎重派。逆に妻は行ったことがない方に行きたいタイプ。夫婦で真逆です。

キャンプ場は区画が決められているところよりも、自由度が高いフリーサイトが好

家からほど近い琵琶湖畔にキャンプ場は数あれど、いつも出かけるお気に入りの場所はいくつか決まっています。フリーサイトで水辺に泊まれる気持ちのいい場所を選ぶことが多いですね。

きです。キャンプを始めた頃は、きちんと区画が決まっていた方がトラブルもなくてよさそうだと思っていましたが、狭くて窮屈だったり、(そんな経験はありませんが)隣が変な人だったら嫌ですよね。場所を選べて広々と使えるフリーサイトがあれば、最高です。家の近くにもそういうキャンプ場の選択肢はいくつかあって、ちょっと息抜きをしたい時に足を運んでいます。自分にとっては安心できる場所です。

まったく知らない場所でキャンプ場を選ぶ時は、ロケーションと景色を最優先します。昔は、夏は明るいところが好きでした。釣りが趣味だったので水辺が好きで、海のキャンプもぜんぜん平気でしたが、最近は暑くて耐えられず、海よりも山に惹かれるようになりました。特に暑い時期は、高原のような涼しいところに行きたくなりますね。近くに温泉があればいうことありません。

いざ行くエリアと時期を決めたら、まずはネットで情報収集。いくつか候補を絞ったら、次はユーチューブで実際に行った人の動画を探します。キャンプ場のホームページの写真は、いい場所をいいタイミングで押さえているものがほとんどなので、あまり鵜呑みにしすぎないことがポイントです。動画なら全体を見られます。これ、キャンプ場だけでなく、場所選びをする時に使える方法なので、試してみてください。

winpy-jijii

KEEP PLAYING
NO MATTER HOW OLD
YOU GET.

同じ趣味をもつ最高のパートナー

「いつも奥さんと一緒で仲がいいですね」とよく言われますが、普通のことだと思いますよ。人それぞれかもしれませんが、うちは子どももいないので、ひとり残して出かける方がなんだか変な感じがしてしまいます。

友人と男同士で出かけることももちろんありますが、それで楽しければ後日、妻を連れて同じ場所に行ったりしています。昔の話ですが、日本海までバイクでツーリングした時に食べたそばがおいしくて、ふたりで車で再訪しました。兵庫県出石（いずし）町の出石そばで、小皿にのったそばが何杯も出てきます。普段できない経験をすると、「妻とも共有したい」と思うことはよくあります。

外で遊ぶことは妻も好きで、夫婦で趣味が同じなのはつくづくよかったと思っています。自分がハンターカブに乗っていた時は、「私も欲しいな。免許取るわ」と言い出して、同じバイクを購入してふたりで楽しみました。

2台でツーリングに出かけたのは、いい経験になりました。同じように旅行に行ったとしても、車だとひとりは助手席に座っているだけで終わってしまうと思いますが、自分でバイクを運転すれば「あの坂はキツかった」とか、「向かい風がしんどかった」という実感があるので、より強く印象に残りますよね。

自転車や登山も一緒です。人任せにはできないので、それぞれが手応えや達成感を味わえます。

60歳を過ぎると体力的なこともあって、思いきり趣味に打ち込むという感じではなくなってきました。いまだになんでもやってみたいとは思いますが、みんなと同じレベルまでいかずとも、それよりちょっと下のところでも十分に楽しめています。そういう「ほどほどなところ」も共有できる、自分にはぴったりのパートナー

登山と温泉も楽しめる岐阜県の平湯温泉にて。キャンプ＋αの合わせ技ができる旅を選ぶのがジジイ流です。

です。

キャンピングカーを作るとなれば、カーテンやクッションカバーを縫ってくれたり、積極的にサポートしてくれるのもありがたいですね。いいなと思うデザインや色合いも、特に示し合わせなくてもツーカーになりました。長く一緒にいて好みが似てきた部分もあるのかな。

アウトドアだけにこだわらない

ふたりともアウトドアで遊ぶのが好きですが、それだけではないのも飽きずに続けられる理由かもしれません。

4年くらい前からは、妻の親友ご夫婦と一緒に西国三十三所を巡っています。定年退職していろいろやってみたいと思って始めたことのひとつです。友人夫婦は車中泊

夫婦お揃いのハンターカブ。バイクツーリングを始めてから、それぞれソロスタイルでキャンプを楽しむようになりました。

やキャンプはしないので、宿に泊まる普通の旅行のスタイルです。うちの車はふたりしか乗れないので、いつも乗せてもらっています。

当初は、いつも自分のアウトドアの遊びに妻を引っ張り出しているので、たまにはのんびりするのもいいだろうという気持ちもありました。でも、実際にやってみると自分自身もとてもくつろいで楽しんでいます。相手の旦那さんは、自分がぜんぜん知らなかった歴史や寺院のことにもとても詳しくて、一緒にいるだけでも刺激を受けます。自分はアウトドアとか遊びのことしか知りませんが、そんな話も楽しんでくれていると思います。

そうして楽しんできた巡礼の旅も終わりに近づいてきました。残るは兵庫の3ヶ所を回って、最後に岐阜の「谷汲（たにぐみ）さん」華厳寺で満願。満願になったら、最後に長野の善光寺にお礼参りだそうです。ボンゴで行く日本一周の旅が次の楽しみです。

バイクや車中泊の旅を同じように楽しめたり、同じ景色を見て「いいね」と共感できる最高のパートナーです。

趣味を楽しむコツは、人と比べるのではなく、自分がいいと思うものを追求すること。肩の力を抜いていきましょう。

winpy-jijii

KEEP PLAYING NO MATTER HOW OLD YOU GET.

オートキャンプは肩の力を抜いて疲れないスタイルで

最近のキャンプ場は、チェックイン/チェックアウトが12時くらいというところが増えました。お昼にスタートするキャンプだと、着いたらすぐに設営に取りかかったり、ごはんを作り始めたりする人がほとんどだと思います。でもキャンプ場に着いたら、まずはひと息ついて、落ち着いて回りを見渡してみることをおすすめします。アーリーチェックインなどの設定があって早く入れるキャンプ場では、できるだけ余裕を持って早めに行くことが多いです。

たとえば自分の場合は、おにぎりとかカップラーメンのようなすぐに食べられるものを用意しておいて、着いたら腹ごしらえするところからキャンプをスタートします。出来合いのものに抵抗があるなら、お弁当を作って持っていくのもいいでしょう。コーヒーやお茶を淹れて一服するのもありです。いきなりアクセル全開で設営や料理をするのではなく、ワンクッション置いて、気持ちを徐々にキャンプモードに切り替えるようにしています。

家族やグループでキャンプに出かける人も多いと思います。貴重な休日を使って遊びに行くのは、リラックスして過ごして、気持ちと体をリフレッシュしたいからですよね。せっかくのおでかけなので、1秒でも時間を無駄にしたくない気持ちはよくわかりますが、すべてに全力投球しようとすると疲れてしまいます。肩の力を抜きましょう。

家族の場合は、お父さんやお母さん、グループの場合はベテラン勢が設営や準備をリードすることになると思います。そういう人たちばかりに負担がかからず、みんなが同じように楽しめるようにするには、力を抜けるところは抜いて、ここぞというところで力を入れる。メリハリをつけることで充実した時間が過ごせます。

慌てず焦らず。時間は十分あるはずです。

設営場所を決めたら、設営を始める前にひと息入れる。焦らなくても時間はたっぷりありますから。

場所を選べるなら朝日か夕日が当たるところ

気持ちがキャンプモードに切り替わったら設営に入りますが、隣人への挨拶も忘れずに。最初のきっかけを逃すと声をかけるタイミングがつかめずにズルズルと時間が過ぎていきますから、早めに済ませておきましょう。忘れてしまわないように、自分は最初に行くことに決めています。

「隣いいですか?」と聞かれて嫌な顔をする人はまずいないと思いますが、もしもそんな人がいたらすぐに場所を変えましょう。お互い嫌な思いをせずに済みます。お隣さんがどのような人かを確認するためにも、挨拶は早めがおすすめです。

会話をすることで情報も手に入ります。常連さんなら、きっと近くのおいしいお店

テントサイトの設営が終わったら、自転車でご近所パトロール。他のキャンパーの道具を見たり、話を聞いてみたりすると、新しい発見や出会いがたくさんあるんです。

やいい温泉を教えてくれるでしょう。そこから次の行動に繋がることも少なくありません。もちろん、自分が行き慣れた場所で初めての人に会ったら、もったいぶらずに知っていることは教えてあげましょう。

テントを張る場所についてはいろいろな意見がありますが、メンバーや経験値、嗜好は人それぞれなのでお好みでいいと思います。自分は、日当たりや風向き、地形を意識してサイトを作っています。場所を選べるなら、朝日か夕日が当たるところを最優先します。冬なら夜のあいだに冷え込むので朝日が当たる方が暖かくていいし、夏は暑くて寝ていられませんから逆の方がいい。風についても同じ理由で、寒い時期は当たりにくいところ、夏は適度に風が吹き抜けるところがよいでしょう。

水場やトイレとの距離感を気にする人もいますが、自分はそこは二の次で、居心地のよさを優先しています。欲を言えば、木が茂っていて日除けができる場所がいいですね。理想を言い出すとキリがありませんが、実際には、いい場所は人気があって、だいたい先人がいます。こればかりは運次第。好きなように選べないことも多いので、あまり高望みはしないようにしています。

winpy-jijii

KEEP PLAYING NO MATTER HOW OLD YOU GET.

バイクキャンプと登山キャンプの違いと共通点

ハンターカブでツーリングに行くようになって、キャンプのスタイルが大きく変わりました。初めてのツーリングキャンプは、ネットで知り合ったハンターカブ仲間と一緒でした。バイクで行くキャンプは初めてだったので、手持ちの道具をなんとか荷台にくくりつけていきましたが、鍋も食器もみんなのものよりも大きくて「何人で食うねん？」と笑われました。

バイクでのツーリングキャンプに慣れている人たちはコンパクトなクッカーやテーブルを使っていて、持ち物がどれもスマートなのには驚かされました。車に比べてバイクは積載量が限られていますから、考えてみれば軽量化・コンパクト化は当たり前のことです。そこからみんなの持ち物を参考に、キャンプ装備を再構築しました。

それまでのキャンプは、いわゆるオートキャンプで、グループで行くのが当たり前でした。我が家のキャンプは店をやっていた頃の常連さんと行くことが多く、食材の調達や料理は自然と自分の仕事になりました。

グループで遊ぶ時は役割を分担して、できる人ができることをやればいいと思っています。しかし、毎回おいしいものを期待されるのはプレッシャーだったし、急に来られなくなる人がいて食材が余ることにもモヤモヤとしました。

その点、バイクで行くソロスタイルのキャンプはすっきりしていました。いろんな場所からいろんな人が集まるし、急に参加できなくなる人もいるので、「各自でやるんやで」と言われて目からウロコ。自分のことだけやればいいのは楽だし、とても合理的で、長年のモヤモヤから解放されたような気分になりました。

夫婦それぞれソロスタイルに

バイクのキャンプは荷台の大きさが持ち物のひとつの基準になります。ただし、動力はエンジンなので、重さはそこまでシビアではありません。エンジン付きとはいえ非力な110ccですから、重すぎるのはもちろんNGですが、そもそも荷台にのる大きさなら極端に重量が増えることはありません。

バイクと登山の装備選びは同じベクトルにありますが、すべて人力で行う登山の方が、よりシビアなコンパクト化と軽量化が必要です。軽量化はたいへんですが、軽くできると劇的に楽になります。

バイクのキャンプで荷物をコンパクトにすることには慣れているつもりだったし、その経験は役に立ちましたが、すべてを自分で背負って歩かなくてはいけない登山の場合、装備はさらに軽量化が重要になります。

初めて山でテント泊をしたのは立山でした。この時背負った装備がおよそ15kg。雑誌やユーチューブで調べて揃えたもので、特別おかしなところもありませんでしたが、自分で背負う15kgがこれほど重いとは。帰宅してから再度研究し、8kg程度まで抑えてからはだいぶ楽に歩けるようになりました。

バイクのキャンプも登山のキャンプも、自己完結したソロスタイルという部分は共通しています。これがまったくのソロだと心細く感じますが、グループで行動しながらも、それぞれは自己完結したソロの装備で行くというやり方は、煩わしいことがなくてとても気に入っています。

厳密にいうと、妻と一緒のキャンプでは共同で使う装備もありましたが、そのうちに妻が「自分もソロでやってみたい」と言い出して、ついに野外では完全な別居生活をすることになりました。食事も別々です。

妻がいつもよりものびのびしているように感じるのは気のせいでしょうか？

winpy-jijii
KEEP PLAYING NO MATTER HOW OLD YOU GET.

バイクに乗ってキャンプは目的から手段に変わった

初めてキャンプをしたのは高校生の時です。ワンダーフォーゲル部に入っていた友達に誘われて男6人で琵琶湖に行きました。日中はすることがなく、暑かったこともあってずっと泳いでいました。それでも朝から晩まですべてを自分たちだけでまかなうのは楽しくて、退屈することはありませんでした。

本格的にキャンプを楽しむようになったのは社会人になってからで、四駆の車でオートキャンプに出かけていました。仲間とキャンプ場に集まって料理を作ったり、遊んだり。アメリカの道具がまだ手に入りにくかった時代で、LLビーンのメールオーダーを利用してワクワクしながら荷物が届くのを待っていました。この時期まで、自分にとってキャンプはそれ自体が目的でした。

しかし、バイクに乗るようになってから、キャンプは手段に変わりました。目的はあくまでもツーリングや釣り、自転車でポタリングしたり、山に登ったりすることです。ツーリングの途中のちょうどいい場所にキャンプ場があるとか、釣りのポイントに効率よくアクセスできる場所があるからキャンプをする、という具合です。テントサイトはだんだんシンプルになっていき、日中テントのそばにいて何かをするということは、ほとんどなくなりました。

もともとじっとしているのが苦手で、妻には「ちょっと目を離すとすぐにいなくなる」なんて言われています。そんなつもりはないんですが、たしかに普段からのんびりくつろいだりすることは、あまりなかったかもしれません。

火を楽しむキャンプがしたい

ひとりでキャンプに行くことはほぼありませんが、話し相手がいない夜には焚き火が欲しくなりますね。もし今ひとりでキャンプに行くとしたら、動画を撮りに行っていることがほとんどかと思います。

ユーチューブで知り合った仲間と出かける時は、純粋なキャンプよりも、登山をすることが多くなりました。昼間は歩いて、夜は各自でテントを立てて食事もそれぞれで済ませる。彼らとの話題は、もっぱら動画作りについてです。

キャンプ自体が目的になることは減りましたが、まったくなくなったわけでもありません。たとえば、先日友人家族と行ったキャンプの一日はこんな感じです。

まず朝は、パン好きの妻が探してきたパン屋さんのオープンに合わせて出発。朝食のパンを購入し、海の近くのキャンプ場に着いたらコーヒーを淹れて、海を見ながら焼きたてをいただきました。朝食のあとは、近くの防波堤でゆるくサビキ釣りです。

午後は自転車に乗って、海鮮丼がおいしいという近くの食堂へ。そのまま自転車で散歩しているうちに、もう夕方です。一日の締めは、キャンプ場そばの温泉へ。こうして振り返ると、我が家のキャンプは寝る場所がテントや車なだけで、やっていることは普通の観光とそんなに変わりありませんね。

最近は薪ストーブを手に入れたので、早速鍋置きや炭受けを作りました。オーブンのように使うこともできて小ぶりなピザなら焼けます。車中泊をすることが増えていましたが、今冬は火を楽しむキャンプもしてみたいと思っています。

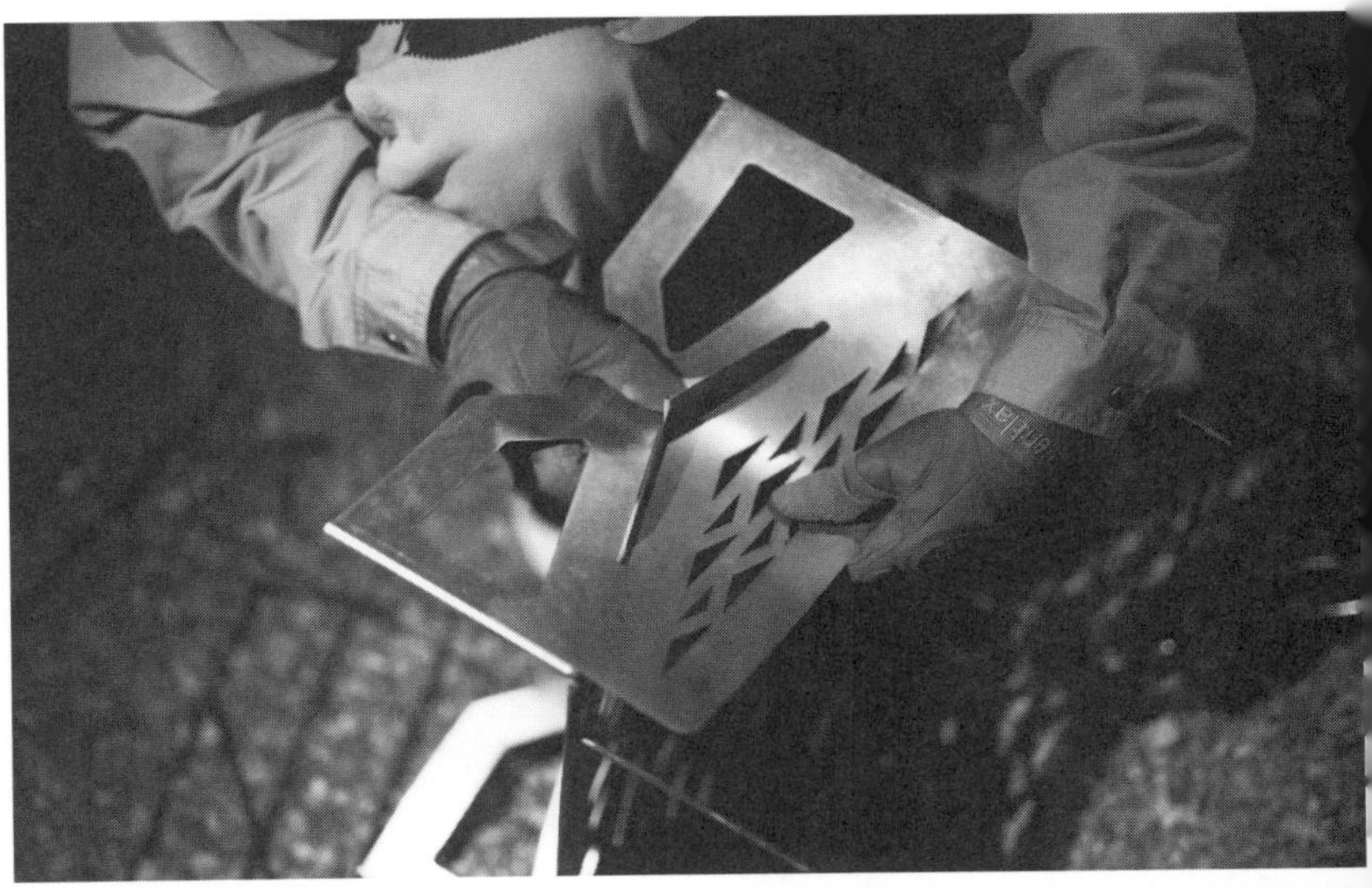

琵琶湖の周りは流木が拾えるので薪には困りません。焚き火台は軽量コンパクトなトウキョウクラフトのものを使っています。最近は薪ストーブも手に入れたので、冬のキャンプが楽しみです。

winpy-jijii
KEEP PLAYING NO MATTER HOW OLD YOU GET.

思い出の旅先は北海道とハワイ

思い立った時に旅に出られる。キャンパーは「遊び方が年寄りくさくなったんじゃないか」と心配になるくらい楽です。

定年退職して時間ができて、車中泊で日本一周の旅をしてみたいと思うようになりました。Nバンで車中泊しながら旅する楽しさを知りましたが、ふたりで使うにはやっぱり窮屈で、ボンゴを手に入れてキャンパーに改造しました。

自分は、知らないところよりもよく知っている場所に行きたいと思うタイプです。これまでそんなにたくさんの場所を旅した経験もなく、国内でも行ったことがない場所はまだまだあります。東北はまったく手付かずですし、関東もあまり知りません。そんな自分でも、せっかく日本に生まれたんだから、一度は各地を回ってみたいと思っています。ちなみに妻はまったく逆で、新しい場所にどんどん行きたいタイプです。

腰が重いタイプではありますが、今は情報がいくらでも手に入るので、旅先で不安になるということはありません。見るべきところも、おいしいものも、泊まれる場所も、ネットですぐに調べられますからね。

今まで行ってよかったところはと聞かれれば、ダントツで北海道です。特に、世界自然遺産にも登録されている知床半島は素晴らしいところでした。晴れる日が少ないと聞いていましたが、自分たちが着いたタイミングは快晴でした。きれいな遊歩道があって知床五湖や知床連山の眺めが見事でした。

すぐそばのウトロ漁港の道の駅で食べた、鮭の親子丼も最高でした。増毛で食べたウニと甘エビとホタテの三色丼も捨てがたいですが、ベストは親子丼です。函館のラッキーピエロもよかった。ハンバーガー好きにはたまらない店でした。

何を食べてもおいしい北海道でしたが、何より、これまで見たこともないような風景が印象に残っています。同じ日本だから大して変わらないだろうとタカをくっていましたが、空気感が全然違いました。

未開の地にでも来たのかと思うような、まるで人の気配がない場所がいたるところにありました。人はいないし、建物もほとんどないような場所を100㎞も車で走って、街に近づくにつれて人の気配が濃くなってくる。その街を通り抜けると、再び次の街までさみしい景色が続く。でも、その荒涼とした景色がよかったです。本州にはそういう場所はないですよね。

もう一度行きたいハワイ

海外旅行はあまり経験がありませんが、機会があればハワイにはもう一度行ってみたいと思います。新婚旅行で憧れのアメリカ西海岸を回りましたが、最後に寄ったハワイが一番気に入りました。

ハワイの何が好きかと聞かれたら、あの暖かい気候。日本のようなベタベタする暑さではなく、さわやかな感じがいいですよね。世界中から大勢の人が集まる観光地なのに、のんびりしているところも好きです。観光客が普通に行くところでは治安が悪い感じや怖い感じもありませんしね。

結婚したのが30歳で、2回目のハワイは60歳の定年旅行でした。気がつけば30年周期です。だとすると、次に行く時はまさかの90歳?

妻には、死んだら墓はいらないからハワイの海に散骨してくれと頼んでいますが、「ハワイは遠くてよお行かんから、近所の川でええか?」と言われています。ブラックバスがいるので、その川だけは勘弁してほしい……。

Column 3

年間アウトドア遊びスケジュール表

70年もアウトドアで遊び続けていると、1年間のスケジュールはだいたい決まってきます。自分はきっちりと年間計画を立てて目標を定めるタイプ。遊び逃したら嫌ですからね。

3月

●暖かくなり始めたら、まずは近所の琵琶湖でキャンプ初め

●冬のあいだに新調したり、カスタムしたりした道具のフィールドテスト

4月

●車中泊の旅もシーズンイン。今年はどこに行こうかな？

●自転車に乗るのがとにかく気持ちがいい季節。琵琶湖を一周する通称「ビワイチ」もおすすめ

5月

●釣りのハイシーズンがスタート。昔は湖釣りがメインでしたが、最近は海釣りがメインです

●夏に登りたい山に向けて粛々と筋トレ。具体的な目標があると続きますよ

春
SPRING

夏
SUMMER

6月

●夏の本格アウトドアシーズン到来を前に、車やキャンプ道具を使いながら細部を見直します

●梅雨時はたまっていた動画仕事をまとめてやっつけるチャンス

7月

●登山シーズン本番が到来。北アルプスなど、標高の高い山は夏のあいだに登りに行きます

●YouTube を通じて知り合った仲間たちとのキャンプで情報交換

8月

●この時期の車中泊の旅先は、涼しい北海道や高原などが目的地

●次の夏は SUP（スタンドアップパドルサーフィン）に挑戦したい！

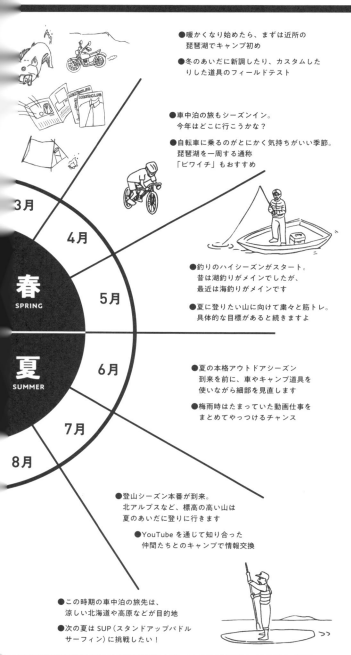

ジジイの1日の過ごし方

7:00	起床。年々、遅起きになっている
8:00	朝食。のんびりコーヒータイム
9:00	メールチェック
10:00	買い物など家の用事を済ませる
12:00	昼食
13:00	道具のメンテナンスや撮影してきた動画の編集。アフレコ撮り
18:00	夕食
19:00	動画編集の続き。SNSのチェックや動画リサーチなど素材探し
24:00	就寝

午前中は結構のんびりしています。お昼を食べてから、「さあ、そろそろやるか」とやっと腰を上げて編集仕事を開始。夜は遅くまで動画やSNSをチェックしています。動画の撮影は、毎日はしていません。1、2週に1度、まとめて数本分を撮ることが多いです。

●体を鍛えがてら低山に登って、夫婦それぞれ料理を楽しみます

●暖かくなったらやりたいことの具体的な計画を立てて準備をスタート

●常夏のハワイにまた行きたい

●寒い日は道具の見直しやカスタム仕事にちょうどいい

●最近はお休み中だけど、若い頃はよくスキーに出かけていた季節

●路面が凍結し始めたら年内のキャンプはおしまいです

●日常的に夫婦で近所を散歩してトレーニングを継続

●YouTubeやSNSをパトロールして情報収集。来年は何をしようかな?

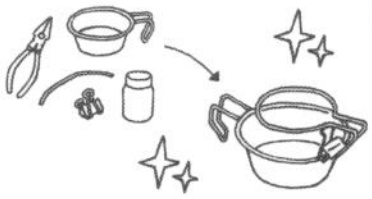

●紅葉ハイキングを絡めた車中泊旅へ

●寒くなる前に庭や家の手入れをするのも大事なお仕事

●冬のあいだに挑戦したいカスタムを計画&準備スタート

●海で釣った魚をキャンプで料理する旅を計画

●少し涼しくなってきた頃はバイク&自転車旅にもいい気候です

●時にはアウトドアを離れ、友人夫妻と温泉旅行を楽しむことも

●長い旅に出るなら、この時期の気候がちょうどよくて狙い目

●YouTubeの撮影や取材が忙しくなるタイミング

winpy-jijii

KEEP PLAYING
NO MATTER HOW OLD
YOU GET.

CHAPTER

4

ジジイの一生もの

機能は大切だけど
道具に求めるのはそれだけじゃない。
デザインや手触り、好きな色、
足りないところはDIYで補ったっていい。
winpy-jijiiが愛用する道具たち。

※紹介しているアイテムは著者の私物で、
仕様等は執筆時のものです。

winpy-jijii
KEEP PLAYING NO MATTER HOW OLD YOU GET.

軽量で居住性抜群のお気に入り

最近の愛用テントは、ノルディスクのテレマーク2LWです。2人用で950gと軽量で、これをひとりで使っています。

登山を始めた頃に使っていたのはMSRのハバハバというモデルで、これが1・2kgくらいありました。自立式のテントの中では平均的な重量ですが、もっと軽量化したかったのでREIのフラッシュエア1というテントに替えました。

フラッシュエア1はポールやペグも含めて765gととても軽かったんですが、生地が一枚のシングルウォールだったので結露が避けられず、寝袋を濡らさないようにシュラフカバーを持っていったりすると結局1kg近くになってしまう。テレマーク2はダブルウォールなので、そうした煩わしさとは無縁です。

気に入っているのは、軽いのに広いこと。四隅を短いポールで立ち上げているので、実際の床面積以上に広く感じられます。このポールを繋げて支柱にして、入り口ドアをタープのように張り出せるというおもしろいギミックがあるんですが、自分はそういう使い方はしないので、そのまま収納できるように縫い付けてしまいました。

設営時は四隅をペグダウンする必要があります。自立しないのは面倒じゃないかと聞かれますが、不便は感じていません。

ユニークな仕掛けがもうひとつあります。ポールの反発力でフライシートが広がってしまわないように、ポールエンドはテープで繋がっています。このテープとインナーテントのボトムが連動していて、フロアの幅を狭くして前室を広く使うことができます。前室で調理する時や、荷物置き場にしたい時にとても便利です。

Tent

ノルディスク／テレマーク 2LW

winpy-jijii
KEEP PLAYING NO MATTER HOW OLD YOU GET.

スマート&スピーディな オール・イン・ワン

Burner

ジェットボイル／ SOL

ストーブはだいたいジェットボイルのSOLを持っていきます。とにかく素早くお湯が沸くことがポイントで、早さの秘密は独特なカタチにあります。

ジェットボイルはバーナーとクッカーを繋げて使うように作られています。専用のクッカーは底にフィンが付いていて、広い面積でバーナーの熱を受けて効率よく沸騰させる仕組みです。バイクのエンジンがたくさんのフィンで表面積を増やして冷却効果を高めているのと、逆の使い方ですね。スペック上は0・5ℓの水を2分15秒で沸騰させられるとありますが、だいたいそんな感じ。体感的にはあっという間です。

クッカーの外側には熱いまま持てるようにコジー（保温カバー）が付いていますが、ハンドルをつかむと伸びるのでタイラップ（結束バンド）で締め上げています。重量だけを比較するとチタンの分離型ストーブとクッカーの方が軽く済みますが、収納時はクッカーの中にバーナーヘッドとガスカートリッジがきれいに収まり、オール・イン・ワンでスマートに持ち運べるところも気に入っています。

クッカーの中にバーナーヘッドとガスカートリッジがすっきり収まるパッケージングのよさも魅力です。

winpy-jijii
KEEP PLAYING
NO MATTER HOW OLD
YOU GET.

凝った料理をしない時は軽いチタン製一択

Cooker set

エバニュー／ Ti U.L. 400FD カップ、 Ti U.L. ポット 600
バウンドレスボヤージュ／チタンキャンプフライパン 19cm

荷物を少しでも軽くするために、クッカー類はすべてチタン製のものに替えました。主にエバニューのクッカーとカップのセットに、蓋代わりとしてノンスティック加工がされたバウンドレスボヤージュのチタンフライパンを使っています。もうひと回り小さいサイズも持っていますが、フライパンはある程度大きさがある方が使いやすいと思います。

夫婦で山に行く時は、昼に何を食べるかによって、調理道具をジェットボイルにするか、このセットにするかを決めます。カップ麺やフリーズドライで簡単に済ませるならジェットボイル。袋麺などを調理する時はこちら。バーナーはファイヤーメープルのチタンの分離型です。クッカーでラーメンを作ったら、そのまま器としても使っています。

フライパンは朝食に目玉焼きを作ったり、ソーセージを炒めるためのもの。チタンは熱伝導率が低いので調理に向かないといわれていますが、最近の自分のキャンプ料理はそんなに凝ったことをせず、ちょっと炒め物をする程度なのでまったく問題ありません。

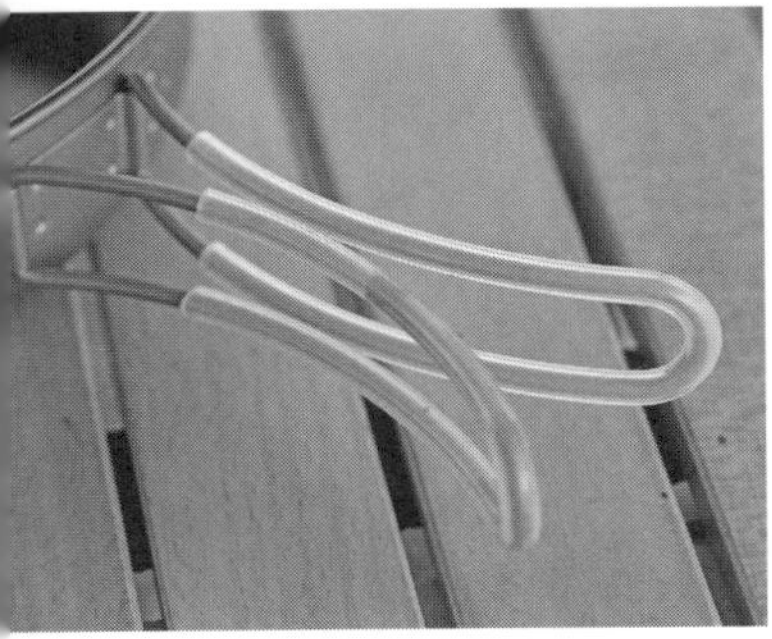

ハンドルの赤いシリコンチューブは外し、クリアのものに換えました。

winpy-jijii
KEEP PLAYING NO MATTER HOW OLD YOU GET.

扱いやすく 改造もしやすい超定番

Knife

オピネル／ステンレススチール No.08、09、10

キャンプを始めた頃からナイフはオピネルです。一番出番が多いのは9番ですね。中ぐらいのトマトが一発で切れるサイズです。8番もペティナイフ的に果物の皮を剥いたりする時には使いやすい。自分で持ち運ぶことを考えるとこの辺が無難です。

ブレードの素材はステンレスとカーボンの2種類あります。カーボンは研ぎやすく、切れ味も抜群なのが魅力です。デメリットは錆びやすいところで、切れ味を重視してずっとカーボンを使っていましたが、最近はステンレスの方が多くなりました。ステンレスがいいのは錆びにくいところで、メンテナンスフリーで気軽に使えます。

オピネルの魅力はナイフとして使いやすいうえにシンプルで安いこと。もちろんカスタムしています。構造が単純なのですぐに分解できて、素材も柔らかいカーボンや木なので簡単に磨いたり削ったりできます。ナイフの動画は海外の方にも人気が高くて、よくコメントもいただいています。フランスでオピネルの工場の近くに住んでいるという人からコメントをもらったこともありますよ。

改造方法はは動画でも紹介しています。
興味があったらぜひ。もちろん自己責任で。

軽くて小さくて
安全なLEDタイプ

Lantern

ゴールゼロ／ライトハウス マイクロフラッシュ

昔はコールマン200Aのような、ガソリンランタンを使っていたこともありましたが、今はほとんど車移動で、灯油をこぼしてしまうと大変なので……。灯りはほとんどLEDになりました。明るいし、一酸化炭素も出ないから、車やテントでも安心して使えます。

大きさ違いでいくつか持っていますが、一番よく使っているのがゴールゼロのライトハウス マイクロフラッシュです。手のひらにのるサイズで軽く、しかも明るいという優れもの。人気のモデルで一時期は入手困難でした。上部が懐中電灯になっていて、懐中電灯↓ランタンモードLED4灯↓LED2灯という3つのモードで切り替えられます。

ランタンモードでは本体下側を照らすようにLEDが配置されているので、少し高い位置に吊り下げると広い範囲を上手く照らせます。自分は使わなくなったテントポールを加工して、ランタンハンガーを作りました。さらにランタンシェードも自作しました。100均のおたまとかお皿が材料で、穴を開けるだけなので簡単に作れます。

フル充電しておけば、ひと晩は十分に持ちます。本体の下にUSBのコネクタが付いていて、充電ケーブルがいらないのも楽で気に入っています。

Table

スノーピーク／オゼン ライト

屋外だとフラットな場所は意外と見つからないものです。コーヒーを飲んだり食事をしたりする時は、小さくてもテーブルがあると快適なので、小さくて軽いものを持っていきます。市場にはいわゆるプラダンのようなものでできている製品もあって、これなら作れるんじゃないかと思ってトライしましたが、ダメでした。テーブルは脚が安定していないと使えませんが、自作だとどうしてもフラフラしてしまいます。諦めて市販のものを使うようになりました。

このくらいのサイズのテーブルはいろいろなメーカーから出ていますが、自分はスノーピークのオゼンライトか、マルペイネットのタタミテーブルを使っています。

マルペイネットは足を起こすだけのシンプルな造りで、複数のテーブルを連結できるようになっています。スノーピークは、スペック上は60gほど重くなりますが、収納サイズがコンパクトなので山ではこちらを選ぶことが多いです。デザインもシンプルで、2分割の天板を並べて、切り欠きにワイヤーの脚をはめ込むだけ。A4サイズの天板はアルミ製なので、熱いものも気にせずに置けます。

荷物に余裕がある時は、ヘリノックスの折りたたみチェアも持っていきます。テーブルと椅子があるだけで、快適なスペースができあがりますよ。

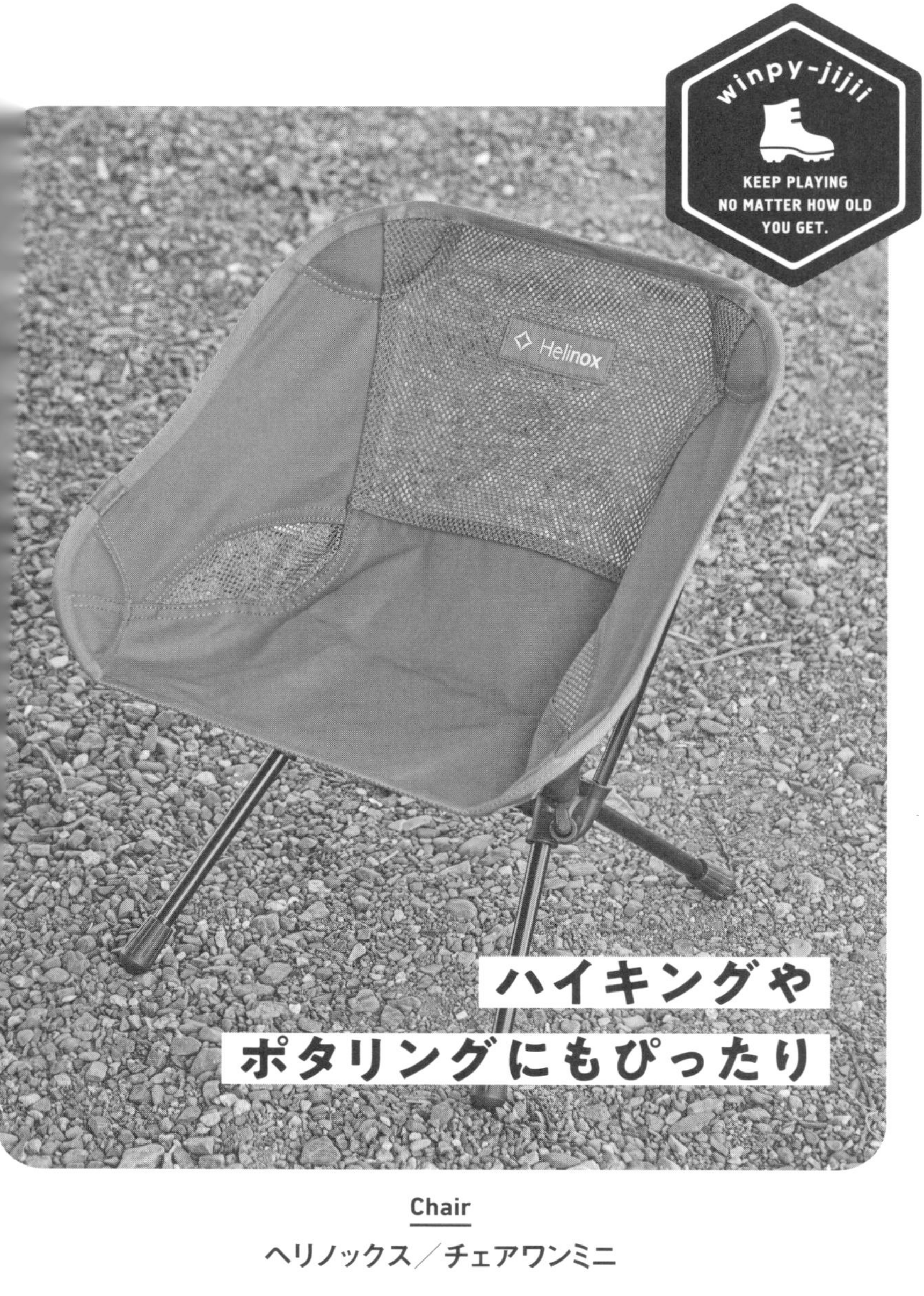

ハイキングや
ポタリングにもぴったり

Chair

ヘリノックス／チェアワンミニ

チェアリングという楽しみ方も定着してきたようですね。自分もコーヒーセットと椅子を持って自転車で出かけたりしています。テントサイトには欠かせないアイテムで、いい椅子があればそれだけでリラックスできます。自分はヘリノックスのチェアワンミニを使っています。チェアワンは折りたたみチェアのスタンダードで、多くのフォロワーも生んだ名作。それの小型版です。

ヘリノックスは椅子やテーブルのほかに、コットなども作っています（コットも愛用しています）。アルミのパイプで構成されるフレームは精密、かつ実用的です。チェアワンミニはスタッフサックまで入れても500gと軽量で、耐荷重90kgと強度も十分。デザイン的にも洗練されていると思います。ハイキングや自転車のポタリングではマストアイテム。スノーピークの小さいテーブルとも相性ぴったりです。

座り心地はそれなりですが、さっと持ち出せるこのサイズ感が気に入っています。自分は小柄な方なので窮屈だと思ったことはありません。

小さくて軽いから、収納も持ち運びも楽。小型のぶん座る位置も低くなりますが、焚き火との相性は抜群です。

手作りのキャンパーで日本一周の旅へ

ボンゴを選んだ理由はふたつあります。ひとつは後ろが目いっぱい使えるキャブオーバー型（運転席がエンジンの上にあるタイプ）であること。もうひとつは家の駐車場に入るサイズであることです。はじめからキャンパーにするつもりだったので４ナンバー（商用車）であることは気にしていなくて、車を探す時も「多少凹んでいてもいいから、できるだけ高年式、低走行のものを」という条件で探してもらいました。これから探そうとする方は、機関部分にもご注意を。社用で使われていた車はメンテナンスされていないものも多いです。自分が買った車は、残念ながらオイルが真っ黒でした。

納車後はすぐに作業にとりかかって、約２ヶ月半で一気に改造しました。木工があったり、電装品の配線があったり、大きなものから小さなものまで、今までのＤＩＹ経験の集大成という感じになりました。

当初は構造変更をして税金などの維持費が安い8ナンバーにすることも考えましたが、それほどメリットはないとも聞いて一旦保留しています。8ナンバーにするためにはカーテンなどを難燃素材にしなくてはいけなくて、どうも気に入った色や柄が見つからないことも理由のひとつです。

車内のレイアウトなどは事前に考えていましたが、割とオーソドックスな形に落ち着きました。ひと通りやってみましたが、これで完成とは思っていません。細かいところは使いながら調整していくつもりです。車ができてすぐに北海道に行きましたが、快適な旅になりました。目標は日本一周。お楽しみはこれからです。

Camper

マツダ／ボンゴ バン

winpy-jijii
KEEP PLAYING NO MATTER HOW OLD YOU GET.

小回りや燃費で選ぶなら軽商用バンでしょ

ハンターカブを持っていた頃は、トヨタのライトエースに乗っていました。ライトエースは私と妻のハンターカブ2台を積めたので、遠くまで出かけた先でツーリングを楽しむという遊び方をしていました。

ハンターカブを手放した時に、もう以前ほどアウトドアにも行かないし、軽自動車でもいいかと思うようになりました。軽は小回りが利くし、ワンボックスタイプなら荷物も積めます。燃費がいいのでガソリン代が安く済むし、有料道路代も普通車よりお得。税金なども安いので、維持費を抑えられます。

そうしてホンダのNボックスに乗り換えて、それからNバンにしました。Nボックスは乗用車でシートなども快適でした。そこから商用車のNバンに乗り換えるのは躊躇もありましたが、より快適に車中泊したいという思いが強く、妻を説得しました。

購入が決まってからは、待ちきれず車が来るよりも先にMGRのベッドキットを買って、納車と同時に取り付け。運転席が回転するホワイトハウスのスイベルシートも設置して、夫婦ふたりが寝られるスペースを確保しました。さらに引き出しやテーブルも付けて、徹底的に車中泊仕様に改造。リアゲートには「N-VAN」のエンブレムが付いていましたが、仕上げにこれを「NCMP」（Nキャンパー）にカスタムしました。

改造の過程や遊んでいる様子はユーチューブにもアップしているので、同じようなことをやりたい人にも参考にしていただけると思います。ボンゴを手に入れてからは2台体制で、日頃の買い物やちょっとした外出にはNバン、遠出する時はボンゴというふうに使い分けています。

Camper

ホンダ／Nバン

winpy-jijii

KEEP PLAYING NO MATTER HOW OLD YOU GET.

ユーチューブ初期のメインコンテンツ

サラリーマンになって一度は降りたバイクですが、仕事に慣れるとまた乗りたくなり、手に入れたのがホンダのCT110、通称ハンターカブです。

ハンターカブはいろいろな面で、自分と相性がいいバイクでした。自分は小柄なので車高が高いオフロードバイクは足つきが悪くて苦労しましたが、ハンターカブならそんなこともありません。110ccのエンジンはお世辞にもパワフルとはいえませんが、のんびりトコトコ走るのも悪くありませんでした。最初はひとりで楽しんでいましたが、妻も乗りたいと言い出して、夫婦であちこち出かけました。

ホンダのカブには無数のマニアがいて、数多の改造例があります。ハンターカブも同様で、これが自分のカスタム欲に火をつけました。もともと6Vのバッテリーを12Vにする定番の改造をはじめ、思いつくところはとことん手を入れました。DIYはもともと好きでしたが、なんにでも手を入れるようになったのは、ハンターカブの改造を続けたことがきっかけかもしれません。

そうした、ものとしての楽しみだけでなく、ハンターカブは何より自分の世界を広げてくれました。当時はインターネットのブログをやっていましたが、ネットで情報を入手したり、また自分でも発信することで新しい繋がりが生まれたのです。そうしてできた仲間とキャンプツーリングに行くなど、遊びのスタイルも変わっていきました。

ユーチューブを始めた当初は、ハンターカブがコンテンツの中心でした。たくさんの人が見てくれて、フォロワーもじわじわと増えました。もしも、ハンターカブに乗っていなければ、今のような状況にはなっていなかったかもしれません。

Motor bike

ホンダ／CT110

winpy-jijii
KEEP PLAYING NO MATTER HOW OLD YOU GET.

これがあれば車中泊の旅はもっと楽しくなる

はじめはロードバイクに乗っていたのですが、自分たちがやりたいのは小径車でのポタリングだったと、乗ってみて気がつきました。以来、ロードバイクを手放して、思いきってずっと憧れていたブロンプトンを購入しました。

妻が乗っているのはＭ６Ｌというモデルです。Ｍはミッドの頭文字で、上半身を起こした楽な姿勢で乗れるアップライトハンドルが付いています。６は６段変速で、Ｌはリアキャリアが付いていない軽量タイプを指しています。妻には内緒ですが、自分のはＭ６Ｌ－Ｘというさらに軽量なモデル（しかもだいぶ高価！）で、フロントフォークとリアフレームがチタン製です。ステムはフォークと同色に塗りました。

ブロンプトンは昔からある定番なのでサードパーティのパーツが豊富です。自分はリアのサスペンションを加茂屋のジェニーサスに換えて、シートポストもチタン製にしました。グリップも換えてバックミラーを装着。こうやって好きなパーツを付けて自分だけの一台にするのも楽しみです。

車中泊の旅に折りたたみ自転車があれば楽しみは広がるだろうと思っていましたが、それは想像通りでした。車よりも小回りが利くし、歩くよりも効率よく動けます。

使ってみて実感しましたが、積み下ろしが億劫になるほど重かったり、組み立てや折りたたみが面倒だと気軽に持ち出す気になれず、使わなくなってしまうような気がします。ブロンプトンはそういったストレスがまったくありません。車から下ろしたら30秒もかからずに組み立て完了。貴重品とコーヒーセット、念のためパンク修理キットと空気入れを入れたバッグをフロントに取り付けたら、さぁ出発です。

Folding bike

ブロンプトン／ M6L-X

winpy-jijii
KEEP PLAYING
NO MATTER HOW OLD
YOU GET.

自分の足が選んだ 登山靴

Shoes

メレル／コンティニューム アウトランド ミッド ゴアテックス
ホカ／ステインソン ミッド ゴアテックス

街を歩くぶんには、それほど靴の履き心地は気にしませんが、登山中のトラブルは困るので、ちゃんと足に合ったものを履きたいと思っています。

海外ブランドではなかなか足に合うものが見つかりませんでしたが、なぜかメレルだけはぴったり。最初の1足は、定年旅行でハワイに行った時に買いました。2足目からはネットの通販を利用していて、これが3足目になります。コンティニュームアウトランド ミッド ゴアテックスというモデルです。ゴアテックスを使った防水であることや、レザーアッパーで派手すぎないデザインも好みです。

履き慣れたメレルに不満はありませんが、買ってからだいぶ経ったので、最近評判がよかったホカを買ってみました。ステインソン ミッド ゴアテックスというモデルで、クッション性が高い分厚い靴底が特徴です。最初に見た時は「こんなに厚くて平気やろか」と思いましたが、意外と普通に歩けます。ただ、今はメレルと交互で履いていますが、ホカのあとにメレルを履くと硬いと感じるようになってしまいました。

道具ももちろんですが、一番大事なのは自分の体ではないでしょうか。脚力が衰えないように、1日1万歩くらいは歩くようにしています。最近知ったインターバル速歩というのも交えながら、毎日1時間くらいは夫婦で散歩していますよ。

電源さえあれば ガスより便利かも

IH Cooking heater

山善／ IH クッキングヒーター

ポータブル電源を手に入れて以来、ＩＨヒーターを使うようになりました。はじめは家にあるものを持っていっていましたが、使用頻度が高くなってきたので、車用に山善の１０００Ｗのものを入手しました。薄くフラットな形状で大きさも手頃なので、収納場所にも困りません。

寒くなってくると車から出たくなくなりますよね。ＩＨヒーターなら一酸化炭素も出ないから車内でも安心だと思って使い始めましたが、実際に使ってみると安全面だけではないメリットがあることがわかりました。

まず、磁力線で鍋底を温めるＩＨヒーターはガスのように風の影響を受けることがなく、ドロップダウン（気化熱で缶が冷えてＬＰガスが気化しにくくなる現象）も起きないため、アウトドアでも安定して使えます。使い勝手の違いは多少ありますが、料理はガスと同じように作れます。最近はめっきりバーナーの出番が減り、こちらをメインで使うようになりました。

注意点としては、ＩＨヒーター自体は発熱しませんが、鍋の熱を受け取って熱くなるので、不用意に触るとやけどします。また、通常のＩＨヒーターは使える鍋が限定されます。アルミやチタン製は使えないものが多いので、購入時はよくご確認を。

winpy-jijii
KEEP PLAYING
NO MATTER HOW OLD
YOU GET.

防災にも役立つ 車中泊の必需品

Portable battery

ジャクリ／ポータブル電源 1000、1500

ボンゴはポータブル電源をフル活用してオール電化仕様にしました。ジャクリの1000と1500を積んでいます。天井や足元のLED、炊飯器などは1000に、1500にはIHヒーターを繋いでいます。フル充電しておけば、3回の調理は可能です。灯りを使うくらいならほぼ減らず。1泊なら充電なしでも大丈夫です。

ジャクリは走行充電が可能で、走りながら充電できるように車のバッテリーから直接アクセサリーソケットを引っ張って繋げるようにしました。便利ですが、停車時にソケットを抜き忘れるとバッテリーが上がってしまうので、そこだけは注意が必要です。ソーラーパネルも持っていて、こちらから充電することもできます。

遠出をする時は前日に自宅で充電しますが、だいたい車に置きっ放しです。バッテリーは35℃を超えるような高温で放置していると劣化すると聞いたので、夏場だけは面倒でも毎回下ろすようにしています。

インバーターやサブバッテリーは複雑でよくわかりませんでしたが、ポータブル電源の扱いに難しいところは何もありません。放電もほとんどなくて、フル充電しておけば、そのまま放置していてもほとんど減りません。防災の面でも手に入れてよかった。もはや、これがない車中泊は考えられません。

winpy-jijii

KEEP PLAYING
NO MATTER HOW OLD
YOU GET.

お気に入りの場所が
カフェになる

Coffee box

スタンレー／クラシックランチボックス 9.4L

外でコーヒーを飲むのが好きでしょっちゅう淹れています。せっかくのリラックスタイムに「あっ、フィルター忘れた」なんていうことがないように、スタンレーのランチボックスにコーヒーセット一式をまとめました。

ランチボックスは大小2サイズ持っていて、写真は大きい方です。容量は9・4ℓ。このサイズだとバーナーとガスカートリッジ、ドリッパーやポット、ミルやコーヒー豆を入れてもまだまだ余裕があります。自分はお菓子を入れたり、本や小型のスピーカーも持っていきます。

蓋の裏を有孔ボードで塞いでカップを置けるようにしました。蓋の中にガスカートリッジもきれいに収まります。ボードの孔を生かせるドリッパースタンドも自作しました。取り外せばコンパクトだし、ドリッパーを置く木枠が上下するのでカップのサイズも選びません。作り方はユーチューブでも公開しています。

ランチボックスは容量5・2ℓの小さい方も持っていて、はじめはこちらでコーヒーボックスを作っていました。小さい方でも600㎖のポットが入るので、3人分までは同時に淹れられます。横幅がスノーピークのテーブル、オゼン ライトと同じくらいのサイズで、革のベルトで横に付けて一緒に持ち運ぶと見た目もおしゃれですよ。

winpy-jijii
KEEP PLAYING NO MATTER HOW OLD YOU GET.

軽くてミニマムなので ためらわずに持ち出せる

アウトドアで遊んでいると自然と道具が増えていきます。たとえばクッカーなら、ある程度の大きさのものがあれば用は足りますが、「コーヒー一杯飲むだけなのに大袈裟やなぁ」なんて考えると、もっと小さいものが欲しくなったりします。たまたま自分の使い道に合ったものに出会うと、つい買ってしまったりして、気がつくと微妙にサイズが違うクッカーをたくさん持っているということになります。

そうやって増えていた道具を組み合わせて、ミニマムなセットを作りました。チタンクッカーはトムショーの７５０㎖。蓋の三角形の金具を通しているパーツには切り込みがあって、金具を立てて横にずらすと倒れずに固定できます。たったこれだけのことですが使いやすく、細かいところまでよくできていると思います。

バーナーヘッドはＢＲＳのミニバーナー。チタンなのでとても軽く、しかもコンパクト。小さい五徳でも安定するように、火をつける時は１００均の小さい網をのせています。

カートリッジはキャンピングムーンの充填式。もともとはランタン用で、小さいですが重い。ランタンが倒れたりしないようにわざと重くしているのでしょう。軽量化という意味では微妙ですが、コンパクトだし、削り出しで質感が高いのもいい感じ。底部にネジ穴が切ってありますが、三脚は別のLEDライトに付いていたものです。

これらに折りたたみのカップとソフトボトルをセット。クッカーの中にすべてが収まります。カップ麺を食べて食後のコーヒーまでこれでOKです。ちょっとしたハイキングにも気軽に持ち出せる、いいセットができたと思っています。

Cooker & Burner etc.

トムショー／チタンカップ 750mℓ
BRS ／ミニバーナー

winpy-jijii
KEEP PLAYING
NO MATTER HOW OLD
YOU GET.

ノウハウもレシピも充実の アルミ飯盒

Mestin

トランギア／メスティン

メスティンはアルミ製なので熱伝導率が高く、食材に均一に熱が伝わります。アルミのこの性質はお米を炊くのにぴったりで、さらにトランギア社のオリジナルメスティンは米1合がちょうど入るなんとも絶妙なサイズ。蓋がしっかり閉まるところも炊飯には理想的です。

この特徴を生かしてお米を炊くのが「ほったらかし炊飯」です。メスティンに米1合と水を入れて、固形燃料に火をつけたらあとは放置。火が消えてから10分蒸らせば、ふっくらおいしく炊きあがります。この手軽さがキャンパーのあいだでウケて、メスティンは一大ブームを巻き起こしました。かくいう自分もオリジナル2台と他メーカーの2台、計4台を所有していて、使い方のコツやDIYの動画をアップしています。

一番よく使うのはお米を炊く時ですが、スパゲッティを調理するのにもおすすめです。パスタは半分に折って入れて、少なめの水で水分がなくなるまで茹でます。ソースはレトルトでOK。湯切りしなくて済むし、メスティンひとつで完結できるので登山でよく作っています。オリジナルのメスティンはひとりで使うのにちょうどいいサイズです。ここまでいろいろノウハウやレシピが充実しているクッカーは他にないので、まずはこれを使ってみるのもいいと思います。

Column 4

ジジイ流・男のキャンプ料理術

気持ちのいいロケーションでの食事は、アウトドアの大きな楽しみのひとつ。昔は凝った料理も作りましたが、最近はいかにして楽をするかを考えています。でも、ただ楽するだけじゃない、ジジイ流のこだわりポイントをお教えします。

ジジイ流・男のキャンプ料理術 1

味も大事だけど、料理は見た目だって大事

キャンプ料理は味だけじゃなく、見た目にもこだわります。盛り付けまできれいに仕上げると、不思議とおいしく感じるものです。「お腹に入ってしまえば同じだ」なんて言う人がいますが、いくら味がおいしくても、盛り付けが汚いレストランは嫌でしょう？　お皿や調理道具も見た目の一部だと思うので、見栄えのいいお気に入りを揃えるようにしています。動画に撮る時はもちろんですが、普段からいろいろこだわってしまうのは、長くお店をやっていたせいかもしれません。

ジジイ流・男のキャンプ料理術

2 いかにして現場での手間を減らすか

キャンプ場ですべての調理工程をやる必要はありません。面倒な下ごしらえを済ませた状態でスタートすれば、現場での調理時間がかなり短く済みますし、余計な調味料や道具、洗い物を減らすことにも繋がります。極端な話をすると、自宅でおいしい料理を完成させておいて、キャンプ場では温めるだけでもいい。コンビニやスーパーで売られているパックのおかずを付け合わせにするのもありでしょう。特にコンビニのおかずや食材は、ソロキャンプでも使い切れる少量のものが多いので便利ですよ。

ジジイ流・男のキャンプ料理術

3 必要な道具はできるだけまとめておく

作りたい料理を決めたら、出発前に必要な調理道具と食器をまとめてセットにしておくと忘れ物が減らせます。道具やレシピをシンプルにしているぶん、何かひとつ小さな忘れ物をすると上手く作れなくなってしまうことがあるので、忘れ物には気をつけています。几帳面な性格なもんで、調味料ケースやナイフなど小さな道具は、迷子にならないように収納ケースのどこに入れておくかもある程度決めています。

ジジイ流・男のキャンプ料理術

4 コーヒータイムにはこだわるべし

料理の手間を省いて浮いたぶんで、食後のコーヒータイムをのんびりとるのがジジイ流。自分はほとんどお酒を飲まないので、アウトドアではコーヒーを飲む時間がリラックスタイムです。ゴミの処理が大変な登山は別として、キャンプや車中泊の時はできるだけ豆から挽いてていねいに淹れています。淹れ方にはさほどこだわりませんが、豆はおいしいものを選ぶに限る。コーヒーを飲む時間だけでなく、ゆっくりとドリップする作業も含めて、自分のアウトドアにはなくてはならない時間ですね。

ジジイ流・男のキャンプ料理術

5 凝った料理は嫁さんにお任せ!

自分ひとりで出かける時は、ささっと作れるキャンプ料理ばかりですが、うちの嫁さんはキャンプでも一から料理をするのが大好き。たとえば、何か甘いものが食べたいとなったら、お豆さんから煮てぜんざいを作ったり。自分でやると考えると「めんどっ！」と思いますが、やってもらえるとなるとそりゃあおいしい方がいいですよね。凝った料理が食べたい時はお任せしています。本来は地元の食材でキャンプ料理をしたいんですが、他の遊びを優先したい時は、リサーチしておいたお店を利用するのもありだと思います。

winpy-jijii

KEEP PLAYING
NO MATTER HOW OLD
YOU GET.

CHAPTER

5

人気&お気に入り動画の撮影裏話

200万再生動画誕生のきっかけは
海外サイトにチラリと映ったニベアの缶だった!?
あの人気動画はどうやって作られているのか。
YouTube動画には映っていない
制作現場の出来事やサイドストーリー。

winpy-jijii
KEEP PLAYING NO MATTER HOW OLD YOU GET.

ニベアの空き缶が人生を変えた

これまでユーチューブにアップした動画のなかで、一番バズったのがこの動画です。ハンドクリームのニベア缶の塗装を剥がして、オプティマスのスベア123Rというガソリンストーブに付属しているクッカー用の蓋を作る方法を紹介しました。

きっかけは、たまたま見た海外のサイトです。ニベア缶を紹介したものではなく、作業場を見せているような動画の片隅に白っぽいニベアの缶が映っているのが目にとまりました。ちらっと見えただけでしたが、「ひょっとして磨いたかもしれんな」と思ったら興味が出てきました。家にあるニベア缶を手にとってまじまじと見ていたら、スベアのクッカーの蓋になるかもしれないとひらめいて、合わせてみたら缶の下側がぴったり収まったので作ってみました。

最初に磨いたものを人に見せたら、やり方を教えてほしいと言われて、それに応えて撮影した動画です。最初のものは耐水ペーパーでせっせと磨きました。600番くらいから始めて、800、1000、1500番くらいまでやって、コンパウンドで仕上げたと思います。動画ではもっと簡単に、「塗料剥がし」という市販の剥離剤を使っています。これを使えば、ものの10分で塗装が落とせます。最後にコンパウンドで磨けばピカピカです。自分はブルーマジックという製品を使っています。アンモニアが入っているので作業中はにおいますが、洗えば大丈夫です。

クッカーの蓋にしたかったので上下を接着剤でくっつけました。中は空洞ですが、蒸気抜きの穴も開けたので、沸騰して蓋が持ち上がるようなこともありません。缶のまま、アクセサリーなどの小物入れにするのもいいと思います。

Movie data:『ニベア缶の磨き方』
公開日:2017年10月5日　再生回数:220万回　※2023年12月時点(以下同)

コメント返信で午前中が終わる

この動画がなぜそこまでウケたのかは、自分でも理由がよくわかりません。誰かが紹介してくれたとか、どこかで取り上げられたということはなかったと思います。ただ、身近にあるニベア缶を使ったのはよかったかもしれません。DIYの動画を作る時には、専門工具は極力使わず、簡単な作業でできるように心がけているので、「自分にもできそうだと思った」とはよく言われます。そういうところが理由なのだと思います。

あくまで推測ですが、ユーチューブは再生回数が急に伸びたり、「いいね」がたくさん付いたりすると「おすすめ動画」として全体のトップ画面に表示されるようです。再生回数が伸びるのは、そういう場所にのるかどうかも影響していると思います。

蓋のサイズにぴったり合うクッカーを探してみましょう。

この動画を公開したあとは再生回数がどんどん上がって、毎日コメントもすごく届いたので「バズるってこういうことか」という実感はありました。すごかったですね。だいたい3ヶ月ぐらいかけて200万再生までいったと思います。

コメントは最終的に3800件を超えました。いただいたコメントにはできるだけ返事を書くようにしていますが、公開当初は毎日20も30もコメントが付いて、はじめの1ヶ月くらいはコメントの返信だけで毎日午前中が終わっていました。コメントは今もせっせと返していますが、誤字だらけなのはお許しください。

この動画を上げたのは2017年ですが、いまだにこれを抜くものができていません。なんの気なしに上げた動画でしたが、思わぬ反響があり、リタイア後の人生はこれがきっかけで大きく変わりました。

winpy-jijii

KEEP PLAYING NO MATTER HOW OLD YOU GET.

73歳と63歳がキャンパーをDIY

ボンゴの改造は作業に集中したかったので、動画はカメラを固定し、長回しにしてタイムラプスで見せることにしました。

Nバンの次は大きい車を買おうと決めて、最初はハイエースが候補でしたが、いろいろ検討した結果、サイズ的にちょうどいいボンゴにしました。ボンゴに決めてからは早くて、車を探し始めてから納車されるまで約1ヶ月。このひと月のうちに、改造の内容や室内のレイアウトを考えました。

改造は内装を剥がすところから始めました。きれいにして錆止めを塗って、床には根太を張ってあいだを発泡スチロールで埋めました。天井にはロードノイズや雨音などを抑える制振シートと断熱材。バックモニターやダウンライトの配線も自分でやりました。

大変だったのはナビの配線で、何度やり直しても音が出ませんでした。原因は付属のカプラーの接続不良でしたが、買ったばかりの新品がまさか不良とは思わず、突き止めるのに3日もかかってしまいました。同じようなことが起こらないようにと念には念を入れて、配線のギボシ端子はすべてハンダ付けしました。

ベッドの骨組みは木で作りましたが、たとえミリ単位で測って切ってもできあがりがセンチ単位でずれてしまいます。材料の木が歪んでいるからで、釘で打ち付ければ矯正されますが、骨組みは釘打ち箇所が少ないので矯正しきれないんですね。センチ単位でずれると、ハマるものがハマらなくなるなどあとあとのトラブルの原因になるので、面倒でしたが分解して作り直しました。

Movie data:『安く自分で作りたい、歳を取っても夢はまだありまんねん(笑)』
公開日:2023年5月26日　再生回数:118万回

夫婦でぶつからずに進めるコツ

車内のレイアウトは妻と協議して決めました。はじめは荷室いっぱいの長さのサイドテーブルのようなものを作るつもりでしたが、室内の幅はできるだけ生かしたいという妻の希望で、前方にL字型のカウンターを置いて後ろはベンチにしました。足を入れるあいだのスペースを板で塞いで、その上にクッションをのせるとベッドになります。このレイアウトだと冬はヒーターを入れてこたつを作ることもできるので、結果的にはよかったと思っています。

夫婦とはいえ、当然、性格も物事の進め方も違います。自分は細かい方ですが、妻はおおらかで細かいことは気にしないタイプ。一緒に作業するとぶつかりそうですが、木工作業的なことは自分が先導しました。逆にクッションやカーテンは妻に任せました。たとえばクッションは底付きするのが嫌だからで、最低10㎝の厚みが欲しいと言

カーテンやクッションカバーの縫製は妻の担当。お互いにこだわりが強いので、持ち場を決めて分業制で進めました。

われたので、ベッドの骨組みはそれを考慮して高さを決めるという具合です。

細かい寸法は自分たちの体の大きさに合わせて決めていきました。一番悩んだのはカウンターとベッドのあいだの導線になるスペースで、どのくらい確保したら使いやすくなるのか、実際に木を置いて試しながら寸法を考えました。

同じようにDIYでキャンパーを作りたいと思っている人は多いようで、イベントに車で出た時は寸法に関して聞かれることが多かったです。メジャーを持ってきて、「測ってもいいですか？」と言う方もいました。興味がある方は『冬はこたつで鍋料理、改造サイズも教えます。』という動画をご覧ください。予算が知りたいという人もいるかもしれませんね。工具はだいたい揃っていたので、主にかかったのは材料費で、全部で30万円で収まりました。

作業は、取りかかってから2ヶ月半で仕上げました。天井や壁、カウンターの天板や引き出しの取っ手には木を使って、クッションのカバーはグレーにして引き出しもグレーに。統一感のある落ち着いた空間ができたと思っています。

winpy-jijii
KEEP PLAYING NO MATTER HOW OLD YOU GET.

人気のクッカー・メスティンの動画あれこれ

メスティンでお米を炊く人は多いと思います。しかし、登山だと思うように食器を洗えないし、洗えたとしても米粒を流してしまうことに抵抗がありました。いい方法はないかと探していたところ、「メスティン折」というものを知りました。

メスティン折とは、メスティンにぴったりのサイズに作る箱折りのことです。オーブンペーパーで箱を折り、メスティンの中に入れることでクッカーを一切汚さずに米が炊けます。考えたのはある建築士の方で、ご自身の建築業のホームページで紹介されていたのに行き当たり、許可を得て紹介しました。

メスティンで米を炊く時は、エスビットという固形燃料用の五徳を使っています。固形燃料は100円ショップで手に入る30gのもの。火力がちょうどいいのか、風さえちゃんと防げば、焦げつかずに上手く炊けます。メスティン折を採用してからは、あと片付けの煩わしさからも解放されました。

メスティン折を紹介した動画は他の方も上げていますが、そのなかでも早い方だったと思います。そのあとはユーチューブだけでなく、アウトドア関連のWEBサイトやTVなどでも紹介されたようで、ダイソーで商品化もされていました。動画には考案者のホームページへのリンクも貼ってあり、そちらでは型紙も公開されています。その方とは今もときどきメールのやりとりがあって、こんなふうに新しい人と繋がるのもユーチューブをやっていてよかったと思うことのひとつです。

Movie data:『メスティンの裏技を試したら、採用決定。』
公開日:2019年12月20日　再生回数:60万回

料理の撮影が一番大変なんです

メスティンは完成されたシンプルな道具ですが、少しだけ手を加えました。ひとつは塗装で、蓋を赤と緑の耐熱塗料で塗りました。これは完全に自分の趣味ですね。塗装する方法は『赤く塗るノウハウ』（P182）という動画で紹介しています。

もうひとつは、ハンドルをロックできるようにしたことです。メスティンはさかさまにするとハンドルが畳まれてしまいますが、『メスティンを切ったら使い道が増えた。』という動画で加工方法を紹介しました。肉や餅を焼く時の蓋代わりに使いたくて考えましたが、汁物もよそいやすくなります。

この動画ではハンドル取り付け部分の一部をルーターで切りましたが、「ルーターを持っていないんですが、どうしたらいいですか?」というメールをいただきました。専門の工具を使わないなんて言っておきながら申し訳ないと思って作った動画が、

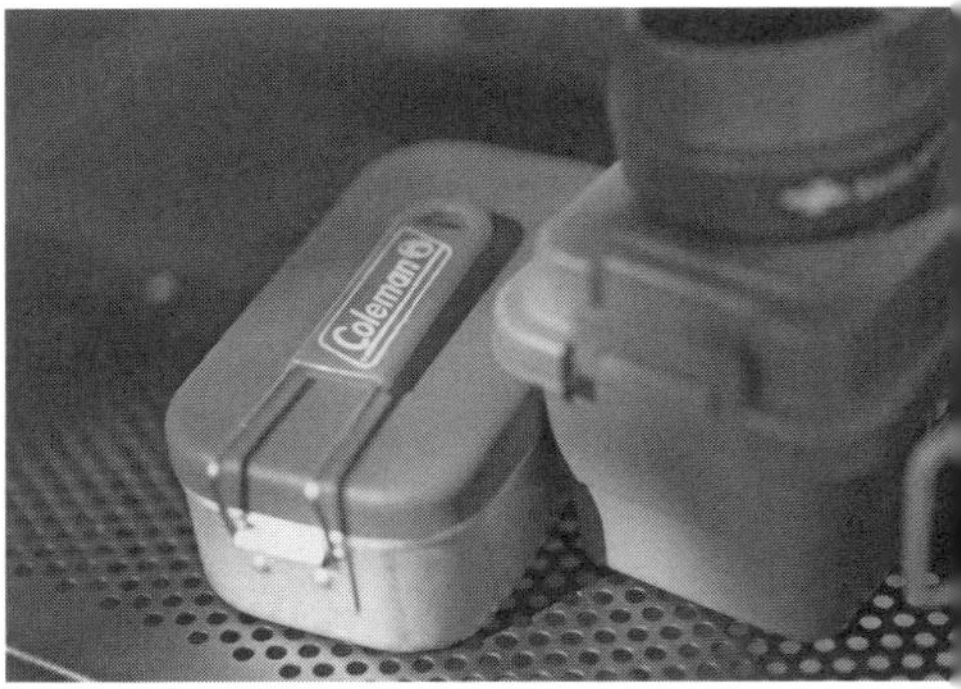

蓋を真っ赤な耐熱塗装でカスタムしました。好きな色にもブームがあり、最近はよりナチュラルな色のギアが増えてきています。

『簡単に切る方法がこれ。』です。先のものに比べると再生回数は少ないですが、やり方はずっと簡単で「やってみます」というコメントもたくさんいただきました。『メスティン料理の裏技』という動画では、メスティンを2段重ねにして炊飯と料理を同時に行う方法を紹介しました。

この動画はそんなに手の込んだことはしていませんが、撮影で一番大変なのは料理のシーンです。自分は料理専門でやっているわけではないので、基本的には一発撮りです。やり直すとなると、時間だけでなく食材も余計に必要になるので、現実的ではありません。失敗したものを捨てるわけにもいかないし。撮影時はメインのカメラを固定して、もう一台は手持ちでアップを撮ったりしています。過去にはカメラが壊れて撮れておらず、撮り直しなんてこともありました……。

自分は自己流でやっているのでまったく知りませんでしたが、ＴＶの収録では料理そのものの撮影用とタレントが食べるためのもの、最低でも2回は調理するのだそうです。一度出演したことがあるのですが、4品の料理を紹介するために8回も調理をしたので、その時はもう汗だくでした。

winpy-jijii

KEEP PLAYING NO MATTER HOW OLD YOU GET.

誰でもできるDIY最初の一歩

20代の頃からいろんなものを塗ってきました。当時流行ったのが、車のボンネットをつや消しの黒で塗ることです。軽量化のためのカーボンボンネットを真似していたんだと思いますが、「太陽光の反射を抑えるためだ」なんて、もっともらしいことを言う人もいましたね。本当かどうかはともかく、自分は国産車によくある光る部品がイヤで、つや消しの黒を塗っていました。

中学校時代の友人の家が塗装屋さんで、初めて乗ったホンダのN360はそこで紺色に塗ってもらいました。作業の過程を盗み見て、真似して自分でやるようになりました。

動画でも説明していますが、色を塗る時は、塗料の食いつきをよくするために、まずは表面に傷をつける「足つけ」という作業をします。サンドペーパーで適度に傷をつけたら塗装面を脱脂します。塗装面に油分が残っていると塗料の乗りが悪くなるからです。キレイに塗るためには、この下準備がとても大切です。

作業をするのは暑すぎず、寒すぎない日。湿気はない方がいいので、春や秋の晴れて乾燥した、風がない日が理想です。連続してスプレーしていると気化熱でガス圧が下がって塗料が出にくくなることがあります。そういうときは缶を湯煎してやれば大丈夫です。

塗装のコツは薄く塗って乾かし、それを何度か繰り返すこと。同じ場所に塗料が乗りすぎることがないように、塗りたいものの外側から吹きはじめ、塗り終わりで手を止めないことです。初めは失敗するかもしれませんが、何度かやればきっと上手くなります。好みの色に塗ると、使うのがまた楽しくなりますよ。

Movie data：『赤く塗るノウハウ』
公開日：2016年7月7日　再生回数：28万回

winpy-jijii

KEEP PLAYING NO MATTER HOW OLD YOU GET.

キャンプでおいしいコーヒーを楽しみたい

「コーヒーを愛しすぎた男」というキャッチフレーズで、コーヒー関連の動画を上げている岩崎泰三さんとコラボしました。コーヒー好きのジジイがドリッパーやコーヒーセットを自作しているのをおもしろがってくれて、「コーヒーは好きだけど、味も何もよくわかりませんよ」と言いましたが、わざわざ琵琶湖まで足を運んでくださりました。岩崎さんが教えてくれた大阪のコーヒー焙煎士が、なんと自分の甥っ子だったという奇跡のような出会いでした。

動画に登場する焙煎機は電動ですが、速度調節ノブにエレキギターのボリュームノブを使うなど遊び心あふれるデザインで、DIY好きにはたまらない出来です。作ったのはレーシングカーに関わる仕事をされている方で、開発ストーリーもとてもマニアックでした。岩崎さんのチャンネルで公開されているので、ぜひそちらも。

岩崎さんには、おいしいコーヒーの淹れ方も教えていただきました。豆の量やお湯の温度をきちんとはかるのが大事で、お湯は92℃がいいそうです。沸騰したものをポットに入れ替えて1分でそのくらいの温度になります。撮影以来、家では妻がちゃんとはかって淹れてくれるようになりました。

岩崎さん曰く、コーヒーには焙煎している時にしか出ない香りがあるそうです。どれがその香りなのか自分にはわかりませんが、たまらなくいい香りがします。この動画を撮っている時にネットで販売したオリジナルのシェラカップを買ったという人が声をかけてくれて、煎りたてのコーヒーをおすそ分けしたのもいい思い出です。

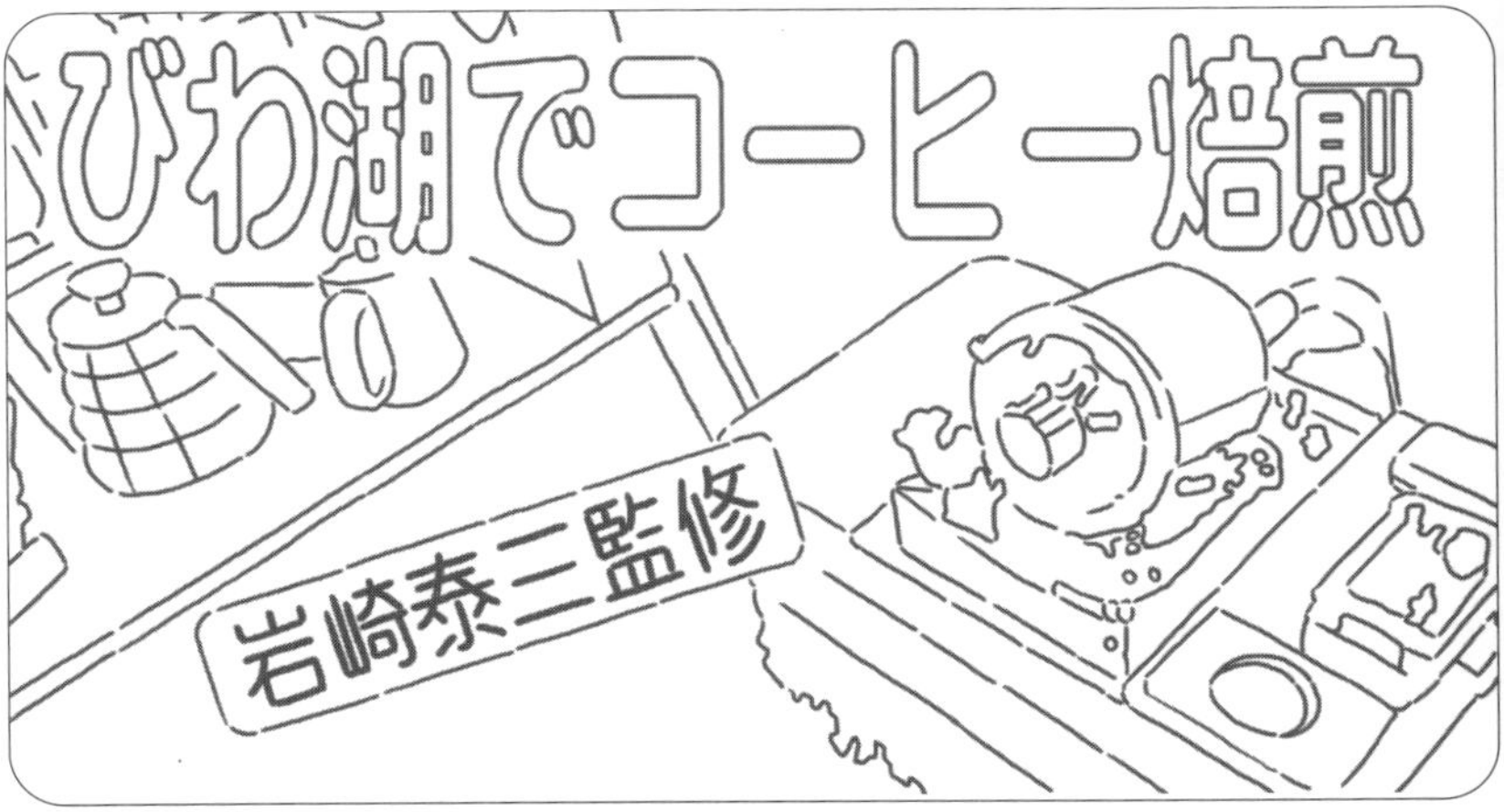

Movie data：『人生初めての珈琲豆の焙煎にチャレンジ 何と贅沢な岩崎泰三さん直伝』 公開日：2022年12月11日　再生回数：1万4000回

winpy-jijii

KEEP PLAYING NO MATTER HOW OLD YOU GET.

バイクのパーツをタイからお取り寄せ

最後にハンターカブの動画を上げてから1年ちょっと空白がありましたが、また乗りたくなり、当時最新だったクロスカブを手に入れました。自分だけの一台にしたくていろいろとカスタムしましたが、一番の自慢はシフトインジケーター付きのメーターに換装したことです。わざわざタイから取り寄せて付けました。

もともとのメーターには、ギアが何速に入っているかを示すシフトインジケーターが付いておらず、不便だなぁと思っていました。自作している人もいて、作り方はネットでも公開されていましたが、いいと思えるものには出会えませんでした。そんなある日、ピンタレストをパトロールしていると、東南アジアを走っているホンダのバイクにインジケーター付きのものがあるのを見つけたのです。

説明はありませんでしたが、メーターの形がクロスカブと同じだったので、「ひょっとして付くんちゃうか」と思いつき、確証がないまま一か八かで取り寄せました。タイにはユーチューブを始めた頃からコメントをくれていた人がいて、プレゼントを送ってくれたり、こちらからもお礼でサインした本を送ったりする間柄でした。その方にお願いしました。

メーターは無事届き、ポン付けというわけにはいきませんでしたが、なんとか付けられました。速度表示が合っているか、妻に車で60㎞で走ってもらい、それに付いて走って確認しました。何速かひと目でわかるのはとても楽だったし、当時国内で付けていたのはおそらく自分くらいで、それも自慢でした。現在は、キタコというパーツメーカーが取り扱っています。

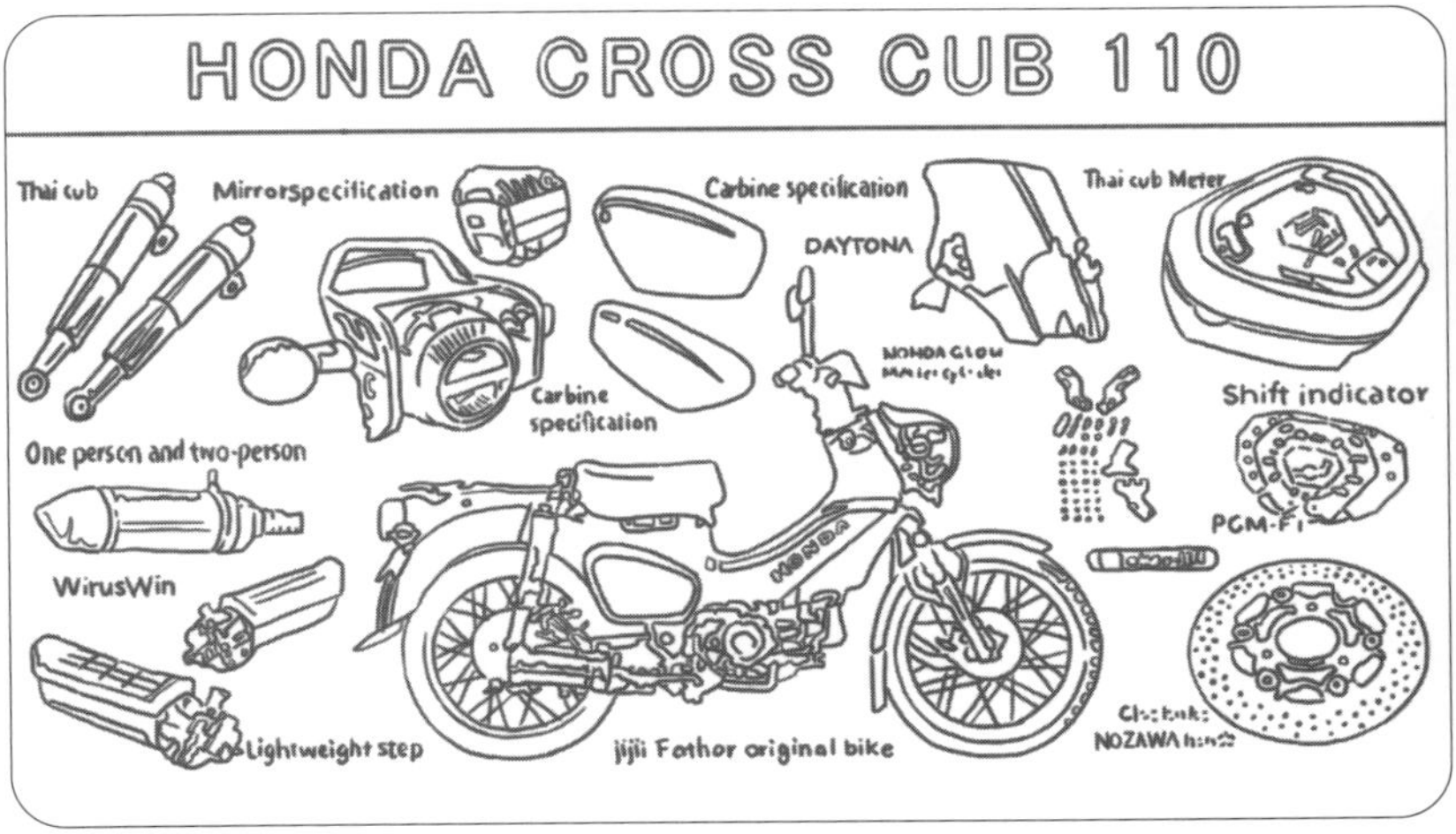

Movie data:『クロスカブで行こ〜ぅ CC110を買った、いじった、乗った。』
公開日:2019年4月12日　再生回数:18万回

winpy-jijii
KEEP PLAYING NO MATTER HOW OLD YOU GET.

車中泊成功の秘訣は快適な寝床環境を作ること

この動画はコロナ禍の最中に作りました。三密を避けられる遊びとしてアウトドアや車中泊がブームになってきた頃で、ネットで取り上げられたり、自分も取材されたりしたのがきっかけで、初心者の役に立つかもしれないと考えたものです。

車中泊で大切なのは快適に寝られる環境作りです。自分なりの快適空間を作る手段と寝袋やマット、サンシェードのような6つの重要アイテムについて解説して、プラスアルファで扇風機とヒーターも紹介しました。

動画を作った時はNバンに乗っていました。使っている道具や考え方は今もほとんど同じですが、ボンゴになって大きく変わったのが寝具です。軽自動車のNバンは車内が狭いので、封筒型シュラフのような収納サイズが大きいものは避けていましたが、ボンゴはそれほど気を使わなくてもよくなりました。冬場は、今は自宅で使っている羽毛布団をそのまま持っていっています。

この動画では紹介していませんが、過去にリアゲートを少し開けた状態で固定できる金具を作ったことがあります（『半開き改造で涼しく車中泊』参照）。丸カンボルトとロングナットを組み合わせるだけの、ハイエースなどに乗っている職人さんがよくやっている方法ですが、そこにひと工夫加えました。この金具やプラスアルファで紹介した扇風機は、夏場の車中泊を快適にするものですが、実際には、夏場は標高が高い涼しい場所を狙っていくことが多いです。

冬場は動画で紹介したヒーターを使ったこたつや、羽毛布団と電気毛布を組み合わせて使っています。ポータブル電源は、今や車中泊の必需品といってもいいでしょう。キャンピングカーならインバーターとサブバッテリーの組み

Movie data：『車中泊、これは持って行け。快眠グッズ【保存版】』
公開日：2021年1月22日　再生回数：54万回

合わせが理想ですが、知識がなくて自作できなかったのとポータブル電源をすでに持っていたので、それをそのまま使っています。今のところ不具合はなく、とても快適です。

ポータブル電源は大容量がおすすめ

初めて車を持った頃からなので、車中泊歴は50年以上になりました。これまでトラブルらしいトラブルはありませんが、北海道旅行ではポータブル電源の残量が初めてゼロになりました。

富良野あたりにいた時のことです。食事をしてから道の駅に着いて、そろそろ仮眠しようかという時に冷蔵庫が冷えていないのに気がつきました。バッテリーを見ると残量がゼロになっていて、これはよくないなぁと。すでに夜の10時を回っていましたが、

ポータブル電源は、車中泊のもはや必需品と言っても過言ではないでしょう。自宅と同じ感覚で家電が使えるし、万一の災害の時にも役に立ちます。

気になったままでは寝られないので、そこから2時間ほど走って充電しました。北海道は信号も少ないので一般道でも快適に移動できますが、この時は夜だったし、土地勘がなくて道もよくわからなかったので高速道路を使いました。充電のために、思わぬ出費です。

不注意でそんなことはありましたが、ポータブル電源は本当に扱いが簡単なので、車中泊やキャンプが好きなら持っていて損はありません。これから購入する人には、大手メーカーの容量が大きいものをおすすめします。意外と値が張るので躊躇しますが、聞いたこともないようなメーカーの安価なモデルのなかには、中古のバッテリーを使っているものもあるという噂話を聞いたこともあります。容量は使用する電化製品の消費電力をカバーできればいいのですが、一酸化炭素中毒の心配がないIHヒーターなどはやはり便利です。大容量のバッテリーなら、そうした消費電力が大きい家電も気兼ねなく使えます。

winpy-jijii

KEEP PLAYING NO MATTER HOW OLD YOU GET.

装備紹介は鉄板のコンテンツ

山に登る動画は人気がありますが、その時に使った道具の紹介も負けずによく見られています。この動画は、男3人で北アルプス穂高岳の中腹にある涸沢（からさわ）まで行ってテント泊した時の装備を紹介したものです。

3人とも登山を始めて間もなかった頃で、初日は横尾で1泊して、翌日涸沢でもう1泊する2泊3日の行程。穂高岳は登らずにそのまま上高地へ引き返しました。

登山の装備は、雑誌やユーチューブで見て自己流で選びました。これでトータル15kgくらいです。今見返しても特別おかしなものは持っておらず、ごく普通だと思いますが、自分には重かった。帰ってからいろいろ調べ直して、ウルトラライトというスタイルがあることを知りました。なくてもいいものは減らし、いくつか持ち物を入れ替えて、現在はだいぶ軽量化しました。

まず、ザックはオスプレーのアトモスＡＧ50から山と道のワンに変更。これだけで約1・2kg軽くなります。テントはMSRのハバハバからノルディスクのテレマーク2LWに。カメラはソニーのNEXを持っていっていましたが、APSはやめてコンデジに変えました。現在はパナソニックのルミックスLX9を使っています。ゴープロは当時の4から9になりました。メインの動画はゴープロで、アップにしたいものはコンデジで撮っています。調理道具と食器類は軽量なチタン製のセットを背負っています。あとはほとんど当時と一緒ですが、今はトータルで8kgほど。このくらいだとだいぶ楽に歩けますね。

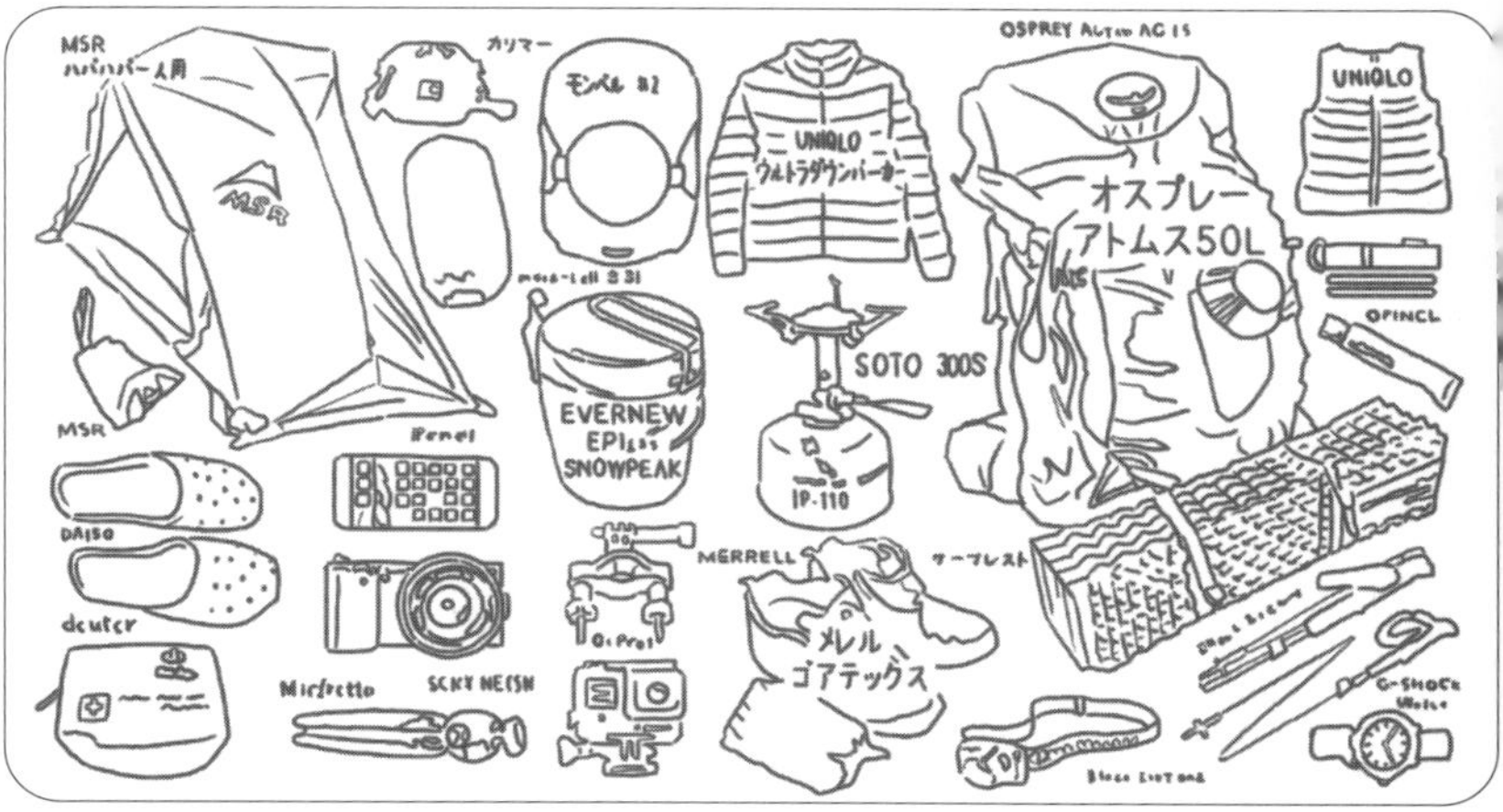

Movie data：『登山ザックの中身拝見 テント泊の道具』
公開日：2017年8月10日　再生回数：32万回

winpy-jijii

KEEP PLAYING
NO MATTER HOW OLD
YOU GET.

私のアウトドア部屋

撮影風景を見てみたいという、視聴者さんのリクエストに応えて作った動画です。なかには、ジジイが普段使っているものや、作業をしている部屋などにも興味が湧く方がいるようです。ちなみに動画に映っているのは、以前住んでいた家になります。動画を見てくださっている方はわかると思いますが、引っ越して部屋の様子はだいぶ変わりました。

この時は、まだ顔も出していませんね。初めて顔出しをしたのは、とある案件でどうしても引いた画を撮らなくてはいけなかった時です。大した顔でもないので映らないようにしていましたが、それ以来諦めがついたというか。今も積極的に顔を出すことはありませんが、ものの大きさを見せたい時とか、自分が映った方がわかりやすい時には無理に隠れないようになりました。

動画を撮影したのは自室兼作業場兼道具置き場ですが、道具は、使ったらちゃんと片付けるようにしています。ルールは、同じ目的のものは一ヶ所にまとめて、使ったら同じ場所に戻すこと。そうすることで次も使いやすくなります。最近は帰宅後に車から下ろすところまでやって片付けは翌日ということが増えましたが、ルールは変わりません。家でも車でも、これは一緒です。

「道具は使ってなんぼ」なんて言って使いっ放しの人もいますが、自分は長くきれいに使いたいので、汚れていたらしまう前に掃除します。そうして不具合が見つかることもあるし、使いづらいところがあれば忘れないうちに改造します。こまめに手入れすることで、道具は長持ちします。

Movie data：『私のアウトドア部屋』
公開日：2016年6月17日　再生回数：30万回

winpy-jijii

KEEP PLAYING
NO MATTER HOW OLD
YOU GET.

実は映画監督になりたかった

映画好きの友人の影響で、高校生の頃は映画監督になるのが夢でした。映画は今も好きで、最近はネットでも見られるようになったので、暇さえあれば見ています。昔は洋画ばかりでしたが、最近は日本のドラマもよく見るようになりました。

自分でも動画を撮るようになってからは、だいぶ見方が変わりました。前ほど物語に没頭できなくなってしまい、「なるほど、こうして撮るんや」とか「ここでカメラ切り替わるんか」とか、カット割りやカメラワークや編集ばかりが気になるようになってしまいました。

これは少し古い動画ですが、オプティマスのスベア123Rを改造する動画『スベアのノブの製作工程と123Rサイレンサーのテスト』の予告編として作ったお気に入り。サスペンス映画風にシナリオを考えて、撮り方も工夫しました。冒頭の場面は裏山や近所の林で撮っています。実際はもう少し明るい時間でしたが、加工して夜の雰囲気にしました。見せ場はどうやって作ろうか悩みましたが、たまたま踏んづけて割ってしまったメガネがあったので、それを使いました。

今は週に1本のペースで動画を公開しているので、時間がかかるこの手の動画を作るのが難しくなってしまいました。撮影は1日では収まらないし、必要なカットをあとから思いついたり、服を揃えたりするなど手間もかかります。簡単にはできませんが、それでももともと好きな世界ですし、ストーリーやカット割を考えるのも楽しい作業なので、機会があればまたトライしてみたいと思います。

Movie data:『サスペンス映画風に仕上げました。』
公開日:2016年2月26日　再生回数:1万1700回

winpy-jijii

KEEP PLAYING NO MATTER HOW OLD YOU GET.

ジジイの第3のステージ いくつになっても遊び続ける

ボンゴを手に入れて、それをキャンパーに改造するタイミングで公開した動画です。冒頭のキャンパーのイベントは納車を待っているタイミングで、以前コラボした川本うきちゃん（UKI CAMP）が受付にいたので会いに行き、会場の車を見て車内レイアウトなどの情報収集をするつもりでした。ところが、置いてあったのはほとんどがハイエース、それ以外は軽キャンパーで、その中間にあたるボンゴのような車はなくて、残念ながらあまり参考にはなりませんでした。

新しいアイデアを得ることはできませんでしたが、素案はすでに頭の中にあって、細かいことは妻と話しながら決めていきました。スケッチブックはこの動画のためにささっと作ったものでしたが、「飛び出す絵本みたい」と好評いただきました。普段はここまで作り込むことはありませんが、DIYする時はいつも絵を描いています。きちんとした図面が描けないので、その代わりです。

動画は数回に分けて撮影しましたが、部品も揃ってボンゴの改造も始めていました。ちょうど、一番最初のナビの取り付けでつまずいていたタイミングですね。「わからない部分がいっぱいあって」というのは、配線の不具合に気づかずに試行錯誤していたことを言っています。結局付けてもらうことになるかも、なんて話していますが、最終的にはなんとか自分で取り付けることができました。

体力は衰えても好奇心は旺盛なまま

定年と同時に始めたユーチューブは、想像もできなかった出会いや楽しみをもたらしてくれました。働きながら遊んでいたのが第1ステー

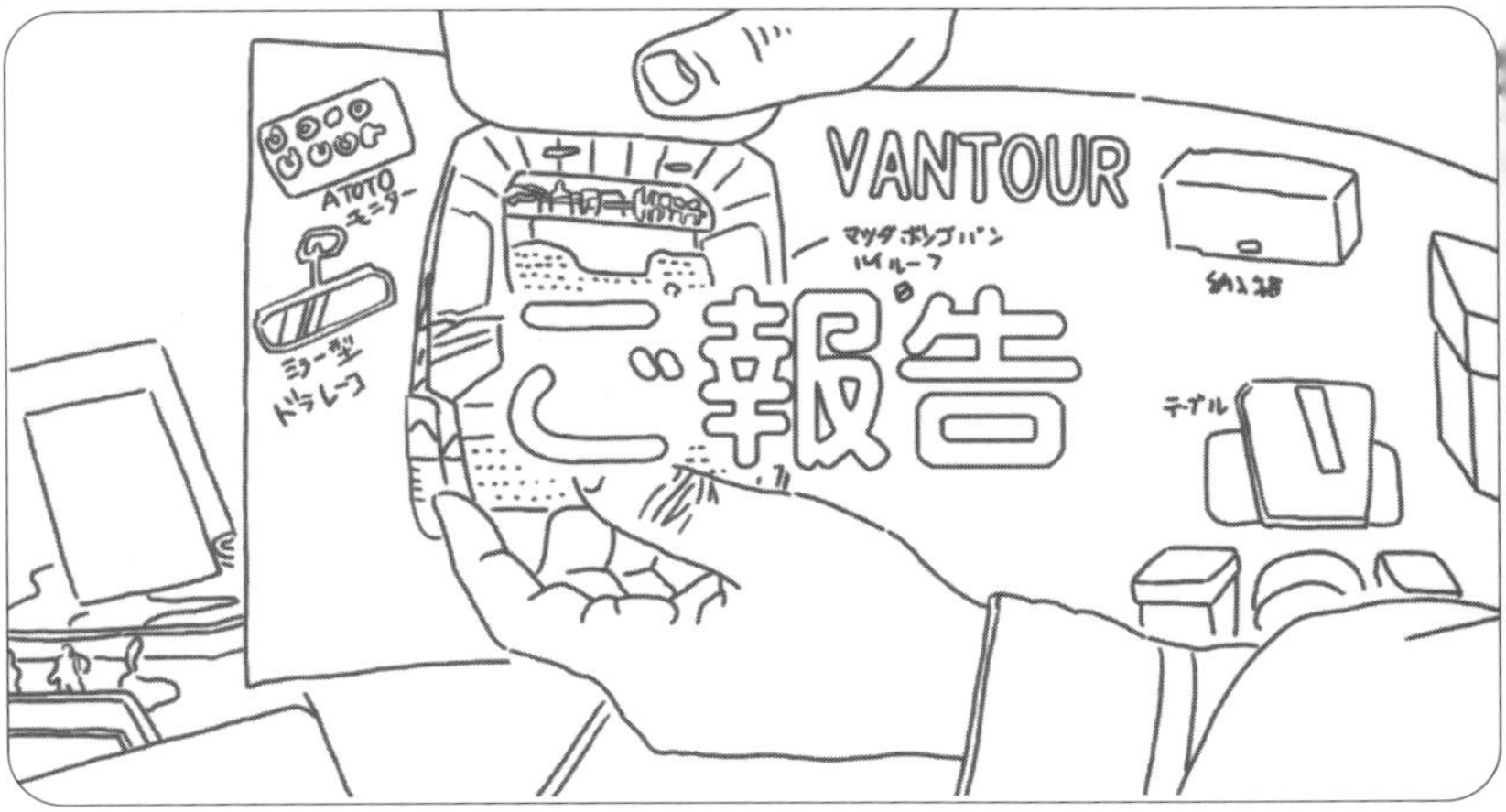

Movie data：『ジジイの第三のステージ』
公開日：2023年4月1日　再生回数：6万7000回

ジだとすると、定年で仕事を辞めてからこれまでが第2ステージです。ボンゴを入手してキャンパーに改造することを考えながら、これからは車旅メインの遊び方になりそうだと思いました。これまでとは違うスタイルになりそうな気がしていて、これから第3ステージが始まると思っています。

ライトエースを手放す時に、今後は遠出することも少なくなるだろうと考えて、ランニングコストや維持費が安い軽自動車に替えました。Nバンを車中泊仕様にしましたが、当初は昔からやっていた「夜のうちに移動して、車で仮眠をとって朝から活動する」タイプの車中泊の延長のつもりでした。車中泊のコツは快適な寝床環境を作ることですから、あくまでもそれをメインに快適要素をプラスしました。

そうしてカスタムしたNバンで何度か車中泊をしているうちに、車で寝ながらあち

ボンゴで旅するジジイの第３ステージ。年齢を考えると、もしかしたらボンゴが最後の車になるかもしれません。

こち旅をするのものおもしろそうだと考えるようになりました。快適に寝られるようにしたとはいえ、旅のベースにしようと考えると、やっぱり軽のNバンでは手狭です。寝る時は荷物を運転席や助手席に置いていましたが、日数が長くなると荷物が増えるので、毎日そうするのも大変です。だから、ボンゴを手に入れました。

今の夢は、この車で日本一周すること。外に行くのは好きですが、かといって行きっ放しだとしんどくなってしまいます。妻にも「アンタすぐ帰るやん」なんてからかわれていますが、1週間から10日間くらいを目安に、行っては帰るを繰り返しながら少しずつ日本地図を塗りつぶしていきたいと思います。バンで暮らすバンライフならぬ、バンでの旅を繰り返すバンツアーです。

出先から帰ってきて、今まではあと片付けまでその日のうちにやっていたのが、翌日に回すことが増えてきました。歳をとったなと思います。若い頃に比べれば体力も衰えていますが、今のところ新しいことに対する好奇心は相変わらず旺盛です。その時々にできる方法で、いくつになっても遊び続けたいと思っています。

Column 5

妻が見てきたジジイってどんな人？

これまで一番近くでジジイの活動を見守ってきてくれたのが嫁さん。
価値観や趣味が一緒なので、
あれしよう、これしようの意見がよく合うベストパートナーです。
「ジジイってどんな人」なのか、そして夫婦円満の秘訣を聞いてみましょう。

夫婦歴は40年以上

Partner

wife of winpy-jijii

1

昔も今も、とにかくずーっと動き続けている

若い頃から、とにかくずーっと何かしら動き続けている人。趣味も次から次に新しいことをやるし。これは昔も今も、まったく変わりません。今もよく疲れないなと思うくらい遊んでいますが、家でじっとしているより、外で遊んでいる方が気持ちが楽なんでしょう。「動かないと逆に疲れるんや」ってよく言ってます。

wife of winpy-jijii

wife of winpy-jijii

2

目標を定めて計画を立てるのが得意

いつ、どこへ、何をしに行こうという我が家の計画は、ほぼ主人が決めています。目的地が決まったら、旅先で行きたいお店を決めるのは私の仕事。大枠は主人、細かい部分は私という分担ですね。遊びについても「今年はこれに挑戦したい」という計画を主人が立てて、その遊びを実現するために、一緒に毎日ウォーキングや筋トレをしています。遊ぶためという理由があると、トレーニングのモチベーションも保ちやすいみたいですよ。

wife of winpy-jijii

3

遊べるレベルが近いから一緒に楽しめる

たくさんの方々から「夫婦一緒に仲良く遊べていいですね」と言われます。根本がふたりともアウトドア好きという共通点があるし、年齢差のぶん、遊びのレベルにそれほど差がないのが理由かなと思います。これまで楽しくないと感じた外遊びはなかったですね。登山だけは絶対に無理だと思っていましたが、登ってみたらすごく気持ちがよくて、今では私の方がすっかりハマってしまいました。

wife of winpy-jijii

4

家族間で仕事の役割分担はきっちり

主人はなんでも手際よくぱぱっとこなせるタイプ、私は事前準備と時間配分が苦手なタイプです。なので、道具を用意したり、庭や部屋を整えたり、道具や電気関係の修理などは主人の担当。じっくり取り組める縫い物と料理は私が担当です。私も主人もそれぞれこだわりが強いから、このお互いの領域に入り込みすぎないのが、上手くやるコツだと思います。作業中に私が「もっとここ、こうしてほしい」なんて言うと、あっち行っとってくれと邪魔がられています。あまり言うと喧嘩になるんで、リクエストはほどほどに。

wife of winpy-jijii

5

やりたいことは反対しない

これまで主人がやりたいということに反対したことはありません。毎日一緒にいるのでくだらない話はたくさんしますが、歳が離れていることもあり、昔から遊びには黙ってついていくのが当たり前でした。最近でいうと、心配なのはオートバイくらい。怪我する可能性もあるし、「そろそろあかんかもな」って、話はしています。それ以外は、今も私じゃ思いつかないおもしろいことばかり提案してくれるので、毎日楽しく過ごさせてもらっています。

おわりに

60歳で定年退職する時には、「今から15年、75歳まで好きに遊べたらいいな」と思っていました。今年で73歳、あっという間でした。

最近は、徐々に体力が落ちてきました。そろそろ、免許の返納も考え始めている歳です。

でも、ジジイにとってアウトドアは仕事ではなくて、あくまで遊び。動けるあいだはアウトドアでの遊びは、ずっと続けるんちゃうかな。家の中におっても、することないもんなあ。

もしも、車を運転できないようになったら、電車旅に出かけるのもいい。今まで10㎞歩けていたのが5㎞になったとしたら、近所の標高の低い山に登るのだって楽しいでしょう。夫婦ふたりでわあわあ言いながら、ご飯を作ったりね。

歳を重ねるごとに遊びの形は変わっていくかもしれませんが、その時々の自分に見合った楽しみ方が見つかるような気がしています。大事なのはいくつになっても動き続けること、遊び続けることです。

まだまだ行きたい場所も、やりたいこともたくさんあります。夢は続きます。

でも100歳まで生きたら、どないしましょうね。

夢は続く!!

いくつになっても遊《あそ》び続《つづ》ける
ジジイのアウトドアノウハウ大全《たいぜん》

2024年1月6日　初版発行

著者／winpy-jijii《ウィンピー　ジジイ》

発行者／山下直久

発行／株式会社KADOKAWA
〒102-8177　東京都千代田区富士見2-13-3
電話　0570-002-301（ナビダイヤル）

印刷所／TOPPAN株式会社
製本所／TOPPAN株式会社

●お問い合わせ
https://www.kadokawa.co.jp/（「お問い合わせ」へお進みください）
※内容によっては、お答えできない場合があります。
※サポートは日本国内のみとさせていただきます。
※Japanese text only

定価はカバーに表示してあります。

ISBN 978-4-04-606637-4　C0095